AF307460

Design Thinking für Anfänger

Innovation als Faktor für unternehmerischen Erfolg

von Kilian Langenfeld

Inhaltsverzeichnis

Einleitung

In den vergangenen Jahrzehnten hat es mehr Erfindungen und Innovationen gegeben als jemals zuvor. Seit 1980 hat sich die Zahl der jährlichen Patente weltweit verdreifacht, was zeigt, wie groß der Innovationsdruck auf Unternehmen und Organisationen ist. Die Digitalisierung und wachsende Globalisierung machen es auch neuen Firmen leicht, mit einer guten Idee sofort auf dem Weltmarkt präsent zu sein. Woher aber sollen bei Unternehmen die neuen außergewöhnlichen und kreativen Ideen kommen, wenn man Innovation in eine Forschungsabteilung ausgelagert hat? Es ist kein Wunder, dass kein einziges Taxiunternehmen der Welt darauf kam, einen Dienst wie Uber anzubieten. Weil man eben nicht das Unmögliche zu denken wagte. Ideen werden aber nicht in einem Excel-Dokument geboren. Vor allem aber wird oft genug vergessen, dass der Mensch im Mittelpunkt stehen muss. Der Kunde ist nicht lediglich eine Nummer im Buchhaltungssystem, sondern jemand mit Bedürfnissen, die erfüllt werden wollen.

In der Medizin hat man erkannt, dass es einen neuen Ansatz braucht, um Krankheiten und Menschen besser zu verstehen. Dieser Ansatz ist die ganzheitliche Medizin, bei der nicht nur die Symptome selbst eine Rolle spielen, sondern auch die Krankheitsgeschichte, die emotionale Verfassung und die Probleme, die ein Patient hat. Der Kranke wird schlichtweg aus verschiedenen Blickwinkeln betrachtet.

Diese Herangehensweise findet sich mittlerweile auch in Unternehmen wieder, und zwar unter dem Begriff "Design Thinking". Wer heute Innovation betreiben will, der kommt kaum noch um diese Methode herum.
So wie ein Arzt nicht alleine eine Diagnose stellen kann, sondern auf Labore und Röntgenspezialisten angewiesen ist, werden auch Erfindungen und neue Ideen nicht in einem Dachkämmerchen geboren. Innovation ist heute mehr denn je eine Teamarbeit.

David Kelley, welcher mit seiner gegründete Design- und Innovationsagentur „IDEO" Bekanntheit erlangt hat, hat das Design Thinking in der wirtschaftlichen Sphäre etabliert, die zuvor nur in der Wissenschaft Anwendung gefunden hat. Darüber hinaus hatten die Professoren Larry Leifer und Terry Winogard einen großen Anteil bei der Weiterentwicklung des Design Thinkings im amerikanischen Raum. Das Design Thinking rückte noch mehr durch eine eigens gegründete

Institut, der sog. „d.school", an der elitären Stanford-Universität in den Mittelpunkt. Als Schirmherr für die d.school fungierte kein Geringerer als Hasso Plattner, der SAP-Gründer.

In Deutschland ist im Rahmen des Hasso-Plattner Instituts die School of Design Thinking gegründet worden, eine Kooperation mit der d.school in Standford. Man kann einen Basic Track und einen Advanced Track belegen, und dann weitaus tiefer in die Materie eintauchen, als dieses kleine Buch es zu tun vermag.

Dennoch wollen wir Dir hier den Einstieg ins Design Thinking geben und Dir dabei helfen, Innovations-Projekte mit dieser Methode zu realisieren. Wann immer es Probleme gibt, die mit herkömmlichen Ansätzen nicht gelöst werden können, kann diese Methode hilfreich sein.

Design Thinking: Definition

Der Begriff ist wohlgemerkt bereits recht alt, denn schon in den späten sechziger Jahren schrieb L. Bruce Archer in seinem Buch "Systematic Method for Designers" über einen Prozess, den er Design Thinking nannte. Robert McKim's erweitere den Begriff später noch um "Design engineering". Peter Rowe veröffentlichte 1987 dann ein Buch mit dem Titel "Design Thinking", das sich damals noch im Wesentlichen an Architekten und Städteplaner richtete.

Heute versteht man unter Design Thinking zunächst eine Methode, um Probleme praktisch und kreativ zu lösen. Das bedeutet – anders als beim offenen Brainstorming – dass am Ende des Prozesses eine Lösung für ein Problem stehen muss. Dieses Problem kann ein tatsächlich existierendes Problem sein oder eines, von dem man glaubt, dass es in der Zukunft entstehen kann. Ein Beispiel dafür ist die Tourismusindustrie: Die meisten großen Firmen wissen, dass die Kunden irgendwann alles selbst buchen können – Hotel, Flug, Ausflüge, Reiseleiter, Restaurants – und kein Reisebüro mehr benötigen. Mit einem Design Thinking Prozess würde man versuchen, Ideen zu finden, wie man dieses Problem der zurückgehenden Kundenzahlen lösen könnte.

Auch wenn sich Design Thinking gerne als Innovationsprozess bezeichnen lässt, wirst Du nicht jedes Mal das nächste iPhone erfinden, wenn Du an einem solchen Prozess teilnimmst. Innovation heißt in diesem Zusammenhang, dass man eine neue und vor allem ungewöhnliche Lösung findet, eben eine innovative Lösung.

Es gibt zwei Richtungen, in die man bei der Lösung von Aufgaben gehen kann:

- die problemorientierte Richtung oder

- die lösungsorientierte Richtung

Bei der problemorientierten Lösung wird man vor allem analytisch vorgehen. Wie ein Wissenschaftler untersucht man zunächst das Problem, und versucht dann aufgrund der vorliegenden Informationen eine Lösung zu finden.

Bei der lösungsorientierten Herangehensweise versucht man hingeben, sich dem Ziel zu nähern, meistens durch ausprobieren, also dem klassischen "Trial and Error"-Prinzip. Funktioniert die erste Idee nicht, nimmt man die nächste, bis man so eine akzeptable Lösung gefunden hat.

In Managementkreisen gibt es ein interessantes Spiel, dass gerne auf Seminaren durchgeführt wird und diese Herangehensweisen recht gut beschreibt: die Teilnehmer müssen aus trockenen Spaghetti-Nudeln, etwas Klebeband und Schnur sowie einem Marshmallow den höchstmöglichen Turm bauen. Tom Wujec hatte dieses Spiel erfunden, um zu zeigen, dass unsere Annahmen oftmals falsch sind, so zum Beispiel die Annahme, dass ein Marshmallow sehr leicht ist und ein paar Spaghetti ihn daher locker halten können. Es führt vor Augen, dass man mit einem analytischen Ansatz nicht immer Probleme lösen kann, und meistens auch nur einen Ansatz verfolgt. Ziel des Spiels ist es, dass man den Turm durch möglichst häufiges Ausprobieren baut.

Beim Design Thinking gibt es mehrere Phasen, die ein Prozess durchlaufen kann, die in einem späteren Kapitel beschrieben werden. Um aber überhaupt in einen solchen Prozess einsteigen zu können, solltest Du einige Grundlagen kennen und auch einige Voraussetzungen erfüllen können.

Was ist Design?

Beim Verständnis von Design geht es nicht darum, dass Du Produkte oder Gebäude gestalten sollst. Vielmehr geht es darum, den Design-Prozess zu verstehen. Wie arbeitet ein Designer? Es gibt im Design den Spruch "Form follows function - die Form folgt der Funktion" und dieser beschreibt schon recht gut, dass Design funktions-, oder noch besser ergebnisorientiert ist. Ein Design löst immer ein Problem. Wenn Du einen neuen Stuhl bauen sollst, dann musst Du das Problem lösen, dass man gut und bequem darauf sitzen muss, oder dass neue Materialien günstig verarbeitet werden müssen. Wenn Du ein Haus baust, dann muss es bestimmten Vorstellungen der Besitzer genügen, zum Beispiel einen offenen Kamin haben sowie einen Hobbykeller. Als Designer wirst Du jetzt aber nicht Dein Architektur-Programm starten und einfach einen Grundriss zeichnen. Stattdessen wirst Du Dir überlegen, welche Gefühle ein offener Kamin hervorruft oder welche Assoziationen wir mit einem Hobbykeller verbinden. Du versuchst, die Welt des Problems zu verstehen.

Design ist aber auch ein visueller Prozess. Designer arbeiten sehr oft mit Prototypen, kleinen Modellen, Fotos oder welches Material auch immer zur Hand ist, um eine Idee zu materialisieren. Du kannst sogar Deine Legosteine aus dem Keller holen (oder sie Deinen Kindern stibitzen) und damit kleine Prototypen bauen.

Da es in diesem Buch um Design Thinking und nicht um Design an sich gehen soll, wollen wir es bei dieser kurzen Definition belassen. Wir kommen später noch mehrere Male darauf zurück, wie Design in der Praxis funktioniert.

Human Centered Design (HCD)

Im Design gibt es eine Schule, die nicht allein die Lösung eines Problems, sondern auch den Menschen in den Mittelpunkt der Bemühungen stellt, und zwar in allen Stufen des Designprozesses. Diese nennt sich "Human Centered Design", auf Deutsch "am Menschen orientiertes Design". Offiziell wird HCD in der entsprechenden ISO-Norm (ISO 9241-210:2010) wie folgt beschrieben:

> *Human-Centered Design ist ein Ansatz zur Entwicklung interaktiver Systeme, der darauf abzielt, Systeme sinnvoll und nützlich zu machen, indem man sich auf die Benutzer, ihre Bedürfnisse und Anforderungen konzentriert und Faktoren wie Ergonomie, Wissen und Techniken anwendet. Dieser Ansatz verbessert die Effizienz, verbessert das menschliche Wohlbefinden und die Benutzerzufriedenheit, Zugänglichkeit und Nachhaltigkeit. Er wirkt auch möglichen negativen Auswirkungen auf den Menschen, seine Gesundheit, Sicherheit und Leistung entgegen.*[1]

---

[1] International Organization for Standardization (2010): Ergonomics of human-system interaction -- Part 210: Human-centred design for interactive systems

Im Wesentlichen bildet es die Grundlage für das Design Thinking, weil es eben um die Produktion von Lösungen geht und nicht nur um einen dokumentarischen Prozess. Oftmals werden auch beide Begriffe, "Human Centered Design" und "Design Thinking" zusammen verwendet. Der Unterschied liegt vor allem darin, dass Design Thinking einen weiteren Fokus hat. Human Centered Design versucht die Nutzerfreundlichkeit eines Produkts zu verbessern, indem es den Nutzer in den Prozess einbezieht. Beim Design Thinking geht es aber mehr darum, überhaupt Produkte zu schaffen, die einem Nutzer und seinen Bedürfnissen gerecht werden. Dazu gibt es interdisziplinäre Ansätze und Workshops, aber eben auch einen HCD-Ansatz. Beiden gemein ist, dass sie iterativ arbeiten. Nach der reinen Lehre hat Design Thinking vier Phasen und HCD sechs Phasen, in der Praxis verschwimmen diese Grenzen aber meistens.

Anwendungsbereiche

Bevor wir in den Prozess eintauchen, also den Kern von Design Thinking, sollst Du zunächst eine Idee davon bekommen, wo man Design Thinking einsetzen kann, und wo nicht. Du kannst es immer dann einsetzen, wenn etwas Neues geschaffen werden soll, oder wenn ein Problem gelöst werden soll, und es dafür neue und kreative Ansätze braucht. Du wirst darauf Acht geben müssen, dass Design Thinking nicht der sprichwörtliche Hammer ist, der jedes Problem zu einem Nagel macht. Man kann damit nicht alles lösen, und in vielen Bereichen läuft Design Thinking lediglich parallel ab, oder ist einem klassischen Design- und Entwicklungsprozess vorangestellt.

Manchmal können das ganz kleine Probleme sein, wie zum Beispiel die Neugestaltung eines Rezeptionsbereiches eines Hotels. Die Empfangshallen haben immer das Problem, dass sie groß und weitläufig sind und der Gast sich darin verloren vorkommt. Er wird oft auch geradezu genötigt, einen weiten Weg durch diese Halle bis zur Rezeption zu laufen. Mit Design Thinking kannst Du hier neue Ideen entwickeln, wie man dieses Problem lösen kann.

Nehmen wir an, der Empfangsbereich entspricht nicht mehr den neuen Brandschutzvorschriften, weil es einen weiteren Notausgang bräuchte. In diesem Fall braucht es keine kreativen Ideen, sondern einfach nur gute Bauingenieure, die die Statik prüfen und dann entscheiden, wo der Ausgang gebaut werden soll.

Man kann Design Thinking aber auch einsetzen, um beispielsweise interne Prozesse und Abläufe in einem Unternehmen zu hinterfragen. Die Unternehmensberatung Roland Berger schlägt zum Beispiel vor, diese Methode als Grundlage aller Entscheidungsprozesse in einem Unternehmen zu verankern.[2]

Ein Design Thinking Prozess ersetzt auch nicht die konkrete Umsetzung. Am Ende wird immer ein Prototyp stehen, ein Modell, welches dann programmiert, gefertigt oder gebaut werden muss.

---

[2] Roland Berger: Design Thinking: Von einer Produktentwicklungsmethode zu einem Ansatz für strategische Entscheidungsprozesse. URL: https://www.rolandberger.com/de/press/Design-Thinking-Von-einer-Produktentwicklungsmethode-zu-einem-Ansatz-f%C3%BCr-strate-2.html [Stand: 20-04-2018]

Voraussetzungen

Damit ein Design Thinking Prozess erfolgreich ablaufen kann, müssen einige Voraussetzungen gegeben sein. Dabei ist insbesondere das Management gefordert, diese Voraussetzungen zu erfüllen, und vor allem die notwendigen Ressourcen bereitzustellen. Ein Design Thinking Prozess dauert nicht Wochen, sondern kann in einigen kurzen Workshops durchgeführt werden. Es hängt aber ein wenig davon ab, wie groß das Innovationsprojekt ist und wie umfangreich. Dennoch müssen die Mitarbeiter, die dafür abgestellt werden, auch verfügbar sein. Solltest Du das Projekt leiten, wirst Du darauf bestehen müssen, dass Du auch die Leute bekommst, die Du brauchst. Da Design Thinking sehr interdisziplinär ist, wirst Du manchmal etwas Überzeugungsarbeit leisten müssen, so beispielsweise bei der Frage, warum ein Mitarbeiter aus dem Warenlager bei der Produkt-Innovation dabei sein soll. Es ist aber wichtig, dass nicht nur (oder am besten gar nicht) die Experten versuchen, neue und verrückte Ideen zu entwickeln.

Was Du ebenfalls brauchst ist Zeit, um den Prozess durchführen zu können. Es ist kein Problem, ihn auf mehrere Tage, Wochenenden oder über Wochen gestreckt aufzuteilen, solange Du die Mitarbeiter für diese Veranstaltungen auch freigestellt bekommst. Oftmals kann es passieren, dass Du auch darum kämpfen musst, weil so ein Workshop nicht als wichtig angesehen wird.

Und das betrifft dann insbesondere die dritte Voraussetzung: Die Einstellung. Sowohl das Management, als auch die Teilnehmer am Design Thinking, müssen sich darüber im Klaren sein, dass es keine Denkverbote gibt, dass niemand für seine Leistung bewertet wird, und dass es ein ergebnisoffener Prozess ist. Damit ist gemeint, dass am Anfang keiner weiß, wie das Ergebnis letztendlich aussehen wird. Man weiß nur, dass man eine Lösung erarbeiten will. Zu dieser Einstellung gehört auch, dass man keinen Perfektionismus braucht, ganz im Gegenteil. Je freier man im Denken ist, je mehr man improvisieren und einfache Prototypen aus Pappe bauen kann, umso eher wird man zu einem Ergebnis kommen.

Du kannst das am besten dadurch sicherstellen, indem Du vor dem Design Thinking Prozess alle, die beteiligt und betroffen sind, zusammen holst und erklärst, worum es in dem Projekt geht und was man erreichen (und was man nicht erreichen) will. Du wirst am Ende des Buches, wenn es um die Umsetzung der erarbeiteten Idee geht, sehen, warum es so wichtig ist, die richtigen Leute an Bord zu haben und größtmögliche Unterstützung zu bekommen.

Prozesse

Im Design Thinking sind viele unterschiedliche Meinungen und Ideen gefragt, und diese können und sollen auch stets widerrufen werden. Es ist bis zu einem gewissen Punkt ein fließender Prozess - wie ein Fluss, der auch immer wieder Strudel hat. Irgendwann hat zwar auch ein Fluss ein Ende, aber bis dahin ist es ein weiter Weg. Man kann beim Design Thinking drei Prozesse zu Grunde legen, die notwendig sind, um das Modell erfolgreich umzusetzen.

Interdisziplinär

Der interdisziplinäre Prozess bedeutet, dass während der verschiedenen Phasen permanent ein Team divers sein muss. Drei Ingenieure allein werden genauso wenig erreichen, wie drei Grafiker. Setzt man aber alle sechs zusammen, und bringt noch einige andere Mitarbeiter hinzu, dann kann Neues entstehen.

Allerdings sind Teams, vor allem wenn sie interdisziplinär und abteilungsübergreifend agieren, nicht immer eine harmonische Gruppe. Da das Team aber ein fundamentaler Bestandteil des Prozesses ist, folgt nun eine kleine Übung, um ein neues Team aufeinander abzustimmen.

Rufe die neuen Teammitglieder zusammen und lasse sie Antworten auf folgende Fragen aufschreiben:

- Welche guten Erfahrungen habe ich in bisherigen Teams gemacht?

- Was hat mich ungemein frustriert?

- Welche Eigenarten habe ich - beispielsweise, wie erledige ich meine Arbeit?

Im nächsten Schritt setzt sich das Team zusammen und jeder stellt seine Antworten vor. Zunächst geht es darum, dass man sich dadurch besser kennenlernt, aber man kann aus den Antworten auch Regeln extrahieren, die dann für das Team gelten. Eine gute Zahl sind 5 Regeln. Wenn jeder einverstanden ist, werden sie aufgeschrieben und als verbindlich deklariert. Am besten hängst Du diese auch in Form eines großen Posters in den Besprechungsraum.

In den ersten Tagen können morgens auch kleine Ice-Breaker-Spiele helfen, gerade wenn Gruppenübungen angesagt sind. Eine ist, dass man sich im Kreis aufstellt und jeder nicht sich selbst, sondern die Person neben sich vorstellt – nicht nur beim Namen, sondern auch indem man etwas über die Person erzählt.

In jedem Team wird es immer auch zu Problemen kommen, das liegt in der Natur des Menschen. Wie kann man sie lösen? Indem man drüber spricht, und zwar so früh wie möglich. Ein kreativer Prozess, wie das Design Thinking, braucht die ganze Kraft der Gruppe, deshalb sollten Störungen so schnell wie möglich beseitigt werden. Je offener die Kommunikation in einer Gruppe ist, umso besser wird Dir das gelingen. Und solche Schlichtungen sind dabei nicht unbedingt Aufgabe des Teamleaders, sondern von jedem Teammitglied.

Ein Teamleader kann sein Team nur dann führen, wenn Vertrauen herrscht. Beim Design Thinking darf es weder Denkverbote geben, noch darf jemand Angst davor haben, etwas Falsches zu sagen. Je mehr Vertrauen ein Teamleader, aber auch die Teammitglieder untereinander aufbauen, umso besser werden sie zusammenarbeiten können.

Beim Zusammenstellen des Teams im Design Thinking Projekt solltest Du vor allem darauf achten, dass die Teilnehmer einen möglichst unterschiedlichen Hintergrund haben. Du suchst Menschen mit Ideen, keine Karrieristen, die stets auf Nummer sicher gehen. Je weniger die Teilnehmer zu verlieren haben, umso verrückter werden die Ideen sein. Manchmal ist daher die Aushilfe aus dem Reinigungsdienst eine bessere Wahl, als der Creative aus der Werbeabteilung.

Iterativ

Design Thinking ist ein nicht-lineares Modell. Es gibt keine Milestones, wie in einem Projektmanagement, die nacheinander abgearbeitet werden. Stattdessen ist es ein iterativer Prozess, bei dem Du immer wieder Rückschritte machen wirst, und auch machen musst. Insbesondere am Ende der Phasen wird es einen Prototyp geben, der den Design Thinking Prozess höchstwahrscheinlich erneut durchmachen wird.

Wie bei jedem guten Design, tastet man sich auch hier durch ausprobieren an die Lösung heran. Stelle Dir vor, Du sollst aus Spielkarten ein möglichst großes Haus bauen. Du wirst mit einer kleinen Konstruktion anfangen, die sich im nächsten Schritt aber als untauglich herausstellt, daher wirst du eventuell eine neue Basis schaffen müssen, die mehr Karten tragen kann. So wird das auch bei einem Design Thinking Prozess sein.

Wenn Du es gewohnt bist, ein klassisches Projektmanagement zu machen, dann sind die iterativen Schritte sicherlich etwas ungewohnt. Wenn Du aber Erfahrung mit der Scrum-Methode hast, wirst Du leichter damit umgehen können. Das iterative Element zieht sich durch das ganze Projekt und durch alle Phasen. Es kann sein, dass man Prototypen wieder neu bauen muss (das ist sogar ziemlich wahrscheinlich), aber es kann auch sein, dass einzelne Phasen oder gar das ganze Projekt wiederholt werden muss. Du wärst nicht der erste, der eine gute Idee produziert hat, die dann aber an der Umsetzung scheiterte, weil bestimmte Parameter nicht bekannt waren. Gerade die Skalierung von Ideen führt immer wieder zu Problemen und wird Dich dazu zwingen, die Ideen selbst zu modifizieren und anzupassen.

Flexibel

In kreativen Prozessen sind Denkverbote das Schlimmste, was passieren kann. Ein Chef, der ein Design Thinking Projekt mit den Worten "Seien sie kreativ, aber bitte stellen Sie sicher, dass Sie nur unsere eigenen Produkte verwenden, dass das Produkt klein ist, und dass wir es bald verschicken können" beginnt, hätte besser gar nichts gesagt. Denn ein Design-Projekt muss zwar zielorientiert, aber auch ergebnisoffen sein. Das bedeutet, dass Du am Anfang keine Ahnung hast, was am Ende tatsächlich herauskommt.

Ein historisches Beispiel dafür ist die Erfindung der Glühbirne. Thomas Edison hatte nicht eine zündende Idee und am nächsten Tag war das elektrische Licht erfunden. Tatsächlich musste er eine Menge experimentieren, neue und andere Materialien ausprobieren, hinterfragen und verstehen, wie es andere gemacht haben und warum es nicht funktionierte, bis er endlich einen Kohlefaden hatte, der lange genug glühte und die richtige Voltzahl aufwies, um ihn nicht gleich zu verbrennen.

Edison wusste zwar, was er haben will, musste aber eben flexibel genug sein, verschiedene Materialien auszuprobieren. Und auch nachdem er das Patent dafür erhalten hatte, arbeitete Edison noch weiter an der Verbesserung des Produkts.

Hätte ihm jemand gesagt, dass oberhalb einer bestimmte Voltzahl ein Glühen unmöglich ist, oder Kohle immer gleich zu Staub zerfällt, hätten wir heute vielleicht kein Licht.

Flexibilität beim Design Thinking bedeutet, dass Du in Deinem Denken flexibel sein musst und Dinge auch immer wieder in Frage stellst.

Ein anderes Beispiel aus der heutigen Zeit ist die Wiener Casino und Lotteriezentrale[3]. Hier bedeutete Innova-

---

[3] Kramer, A. (2016): Design Thinking in der Praxis: Casinos, MAM, Erste Bank, ÖBB. URL: https://www.trend.at/branchen/ karrieren/design-thinking-praxis-7624507 [Stand: 05-04-2018]

tion lange Zeit, dass man von der IT-Abteilung einen Vorschlag erwartete, weil Glücksspiel ja heute fast ausschließlich online stattfindet, und man für fast alles einen Programmierer braucht. Es kamen auch tatsächlich Ideen, zum Beispiel digitale Rubbellose, einer der großen Renner im deutschsprachigen Raum bei Online-Casinos. Aber das alleine reichte nicht. So wurde die komplette Firma umgebaut, es gab neue personelle Zuordnungen, es gab eine neue Inneneinrichtung und Verantwortlichkeiten: Innovation ist jetzt Chefsache, der Vorstand hat dafür zu sorgen, dass immer neue Ideen produziert werden. Hilfreich war auch eine "Awesome-Challenge", bei der Teams aus jeweils vier Personen neue Ideen produzieren sollten. Und es kamen durchaus brauchbare Ansätze ans Licht, von denen einige auch bald umgesetzt werden sollen. Nur weil man in diesem Fall mit den alten Gewohnheiten brach, und Innovation auf ein etwas flexibleres und breiteres Fundament stellte, waren neue Ideen möglich geworden.

Nun solltest Du die wesentlichen Grundlagen kennen, um in den Design Thinking Prozess einzusteigen.

Phasen

Bei Design Thinking wird in der Regel von Phasen gesprochen, die durchlaufen werden. Es ist durchaus üblich, diese Phasen mehrfach zu durchlaufen, und in manchen Fällen auch ausdrücklich empfohlen. Auch wenn diese Phasen oftmals als Kreis dargestellt werden, weil sie nicht linear verlaufen, sollten sie doch nacheinander abgearbeitet werden.

Bei den Phasen geht es darum, sich langsam einer Lösung zu nähern. Um so wenig wie möglich voreingenommen zu sein, wird man zunächst versuchen, die Situation zu verstehen, in der man (und der Kunde/Nutzer) sich befindet. Das ist die **Immersionsphase**. Je breiter Du hier Deine Recherchen machst, umso mehr Material hast Du später, wenn es um die Ideenfindung geht. In der nächsten Phase wirst Du die Informationen, die gesammelt wurden, **analysieren und ordnen.** Es geht darum, Gemeinsamkeiten und Beziehungen zu finden. Als nächstes geht es dann in die **Ideations-Phase**, der Teil, der am meisten Spaß macht, weil hier die Ideen gesucht (und hoffentlich gefunden) werden. Dieser Prozess kann etwas Zeit in Anspruch nehmen, weil aus den zahlreichen Ideen einige besonders gute herausgepickt werden müssen. Aus diesen werden dann **Prototypen** gebaut, entweder als Objekt oder als Konzept. Die Prototypen müssen letztlich **getestet** werden, bis am Ende jene übrig bleiben, von denen man glaubt, dass sie das Problem am besten lösen können. Schließlich wirst Du dann diese Ideen auch **umsetzen** müssen.

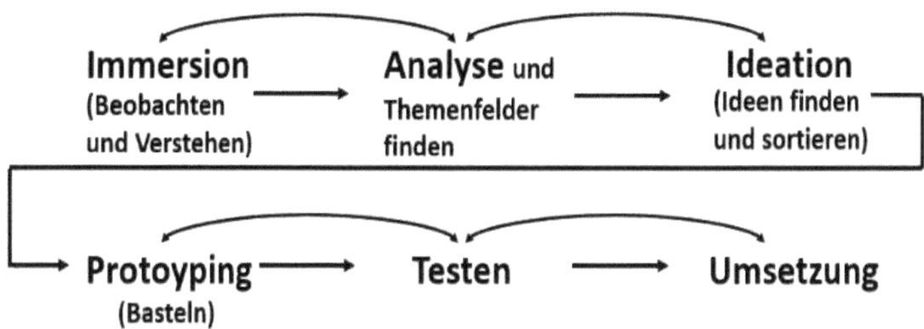

Die Bögen in der Grafik sollen deutlich machen, dass die Schritte zusammenhängen und Du auch immer wieder zurückgehen kannst. Zwar sind die Phasen aufeinander folgend, vor allem aber aus logischen Gründen, daher sind sie nicht unbedingt als lineare Abfolge zu verstehen. Oftmals wird Design Thinking auch als Kreis dargestellt, um zu zeigen, dass man immer wieder an den Anfang gehen kann. Da es aber darum geht, eine oder mehrere Lösungen für ein Problem zu finden, verwenden wir hier die Flow-Methode, weil es durchaus ein Ende gibt, nämlich die Umsetzungsphase.

Es wird allerdings eher selten der Fall sein, dass Du von der Immersionsphase direkt in die Prototyping Phase springst, zumindest nicht, wenn Du diesen Prozess das erste Mal durchläufst.

Immersion

Die erste Phase ist die Immersion. Das Wort bedeutet Eintauchen, und tatsächlich tauchst Du in die Materie und die Welt des Problems ein. Manchmal wird diese Phase auch Empathie-Phase genannt.

Beim Eintauchen geht es vor allem darum, bildlich in die Schuhe des Kunden zu steigen und in dessen Welt herumzulaufen. Das kann bei einem Schuhhersteller sogar buchstäblich der Fall sein: Einem Manager würde es wahrscheinlich guttun, einen Tag lang mit hohen Absätzen in Frauenschuhen herumzulaufen. Aber Immersion heißt nicht nur, dass man mit den eigenen Produkten spielen oder sie ausprobieren soll. Es geht vor allem darum, sich mit den Kunden (oder Mitarbeitern) und deren Problemen vertraut zu machen.

Bei der Zimmervermietung AirBnB verlangt man von seinen Mitarbeitern, dass sie nach der Einstellung eine Woche lang als AirBnB-Gast in verschiedenen Unterkünften wohnen müssen. Sie sollen selbst ausprobieren, was die AirBnB-Kunden erleben, sich mit ihnen, aber auch mit den Vermietern unterhalten und lernen, wie die Welt von AirBnB gestaltet ist. Der Hintergrund ist übrigens ein Design Thinking Projekt: In den Anfangstagen gab es zwar Vermieter, aber kaum Kunden. In einem Workshop kam dann die Idee auf, statt der Handyfotos der Vermieter Profi-Fotografen einzustellen, die dann hochwertigere Bilder von den Wohnungen machen sollten. Das zahlte sich sofort aus, die Zahl der Buchungen stieg rapide an. Noch heute wird in den USA ein derartiger Profiservice angeboten, um sicherzustellen, dass die Immobilien auch tatsächlich ins beste Licht gerückt werden.[4]

Der Begriff Empathie wird deshalb oft im Zusammenhang mit Design Thinking und der Immersionsphase verwendet, weil man nicht nur lernt zu verstehen, wie

---

[4] Eshaghmohammadi, F. (2016): Become the patient – Design Thinking Grundlagen. URL: http://www.ppcdetective.de/blog/design-thinking-blog/become-the-patient-design-thinking-grundlagen/ [Stand: 15-05-2018]

der Kunde denkt, sondern vor allem auch, wie er fühlt. Ein gutes Beispiel sind Hotelbefragungen von Kunden: Bei diesen wird immer gefragt, wie der erste Eindruck an der Rezeption war. Dabei wird aber oftmals vergessen, dass der erste Eindruck in der Regel dem Sicherheitsbeamten an der Pforte oder im Parkhäuschen gilt. Hat diese Person ein freundliches Lächeln, ist die Stimmung schon wesentlich besser, als wenn dort ein griesgrämiger Mann sitzt, der keine Lust hat zu arbeiten. Gleiches gilt auch für Restaurants, die einen Parkservice anbieten, oder zu Beispiel Bürogebäude. Wer als erstes "Ausweis?" hört, wenn er ein Firmengebäude betritt, wird nicht unbedingt bester Stimmung sein.

Bei den Exkursionen geht es auch darum, die so genannten "Extreme Behaviors" zu finden, die extremen Verhaltensweisen. Warum kauft jemand jeden Schuh einer Marke, warum hat ein Produkt online so viele Kommentare? Ob die Erfahrungen der Kunden positiv oder negativ sind, spielt zunächst keine Rolle. Wichtiger ist, dass Du viele vielfältige Meinungen bekommst. Die extremen Sichtweisen sind deshalb so wichtig, weil sie Dich später am ehesten auf neue Ideen bringen.

Verstehen

Um ein Problem verstehen zu können, muss man es genau untersuchen. Das kann man aber kaum mit den Methoden und Werkzeugen, mit denen das Problem entstanden ist. Das Problem ist meistens im Haus entstanden, und es gilt die Geschichte des Problems und seine Vernetzung herauszufinden. Das klingt komplizierter als es ist: Eigentlich musst Du nur alle Informationen sammeln, die mit dem Problem zu tun haben. Am besten kannst Du das in kleinen Workshops machen. Nehmen wir einmal an, man hat gemerkt, dass der Vertrieb nicht mehr so effizient ist, wie er es früher war, aber Du hast keine Ahnung woran das liegt. Weil die Konkurrenz aber nicht schläft, muss etwas getan werden, um den Vertrieb wieder effizienter zu gestalten.

Zunächst wirst Du mit allen Mitarbeitern, die mit dem Vertrieb zu tun haben, darüber sprechen, wie sie den Vertrieb wahrnehmen, was sie über die Mitarbeiter und das Vertriebssystem denken. Du wirst erfahren wollen, welche Annahmen über den Vertrieb gemacht werden. Diese Annahmen wirst Du dann mit allen, die an dem Projekt "Neuer Vertrieb" beteiligt sind, teilen.

Dieser Prozess wird auch als „Reframing", oder Neurahmen bezeichnet. Es geht darum, dass Du und die anderen Mitarbeiter sich von den bisherigen Sichtweisen trennen können, und sich neue Sichtweisen aneignen können.

Wenn Du im Tourismus arbeitest, oder aber selbst gerne reist, wirst Du bestimmt schon einmal erlebt haben, dass sich Touristen darüber beschweren, dass es am Urlaubsort so viele Touristen gibt. Als Außenstehender schütteln wir nur den Kopf und denken uns "Die sind doch selbst Touristen". Aber als Reisender hat man eben eine andere Sicht auf die Dinge und vor allem auch andere Erwartungen. Touristen haben oft ein stereotypes Bild von einem Urlaubsort, welches sehr nahe an der einsamen Insel mit Palmen ist. Wenn sie dann an einen Strand kommen, der mit Hotels gepflastert ist, verstehen sie die Welt nicht mehr. Deine Aufgabe ist es in diesem Fall, den Urlaubsort mit den Augen der Touristen zu sehen, aber eben auch sich ihre Erwartungen zu eigen zu machen. Auch in diesem Beispiel solltest Du nicht nur selbst die Kundenreise machen, sondern vor allem viele Gespräche mit Touristen – Deinen Kunden, aber auch anderen – führen, um zu verstehen, was sie sich erwartet haben.

Oftmals ist es schon erhellend, wenn Du alle Ergebnisse der Gespräche, die Du geführt hast, stichwortartig auf eine Pinnwand oder als Mindmap an die Wand projiziert. Mindmaps sind übrigens für diesen Prozess sehr gut geeignet, vor allem solche, die kollaborativ verwendet werden können.

Beobachten

Eine Methode, um sich besser mit dem Thema auseinanderzusetzen ist, an Exkursionen teilzunehmen. Gerade wer im Management arbeitet, hat wenig Kontakt zum Verkäufer an Ort und Stelle, oder zu den Kunden, die in ein Geschäft kommen. Es kann aber auch schon ausreichend sein, wenn Du zum Beispiel einige Zeit in einem Einkaufszentrum verbringst, in dem Deine Firma eine Filiale hat. Die reale Welt zu sehen und zu verstehen, ist ein unglaublich hilfreicher Prozess beim Design Thinking und bildet die Basis für alles, was später folgt.

Die Bank von Amerika hat das einmal hautnah erfahren, als sie einfach mit ganz normalen Kunden darüber sprach, wie diese ihr normales Girokonto benutzen. Dabei kamen sie auch mit einer Frau in Kontakt, die sagte, dass sie jeden Monat ihre Rechnungen aufgerundet auf den nächsten Dollar bezahlt. So habe sie zum einen nicht das Gefühl, dass sie noch jemandem etwas schuldet, zum anderen bekommt sie am Jahresende das zu viel bezahlte Geld zurück, was sie dann einfach erfreut. Die Banker wurden hellhörig und befragten andere Kunden nicht mehr, wieviel sie sparen, sondern warum. Und sie fanden heraus, dass Sparen durchaus eine emotionale Komponente hat. Daher machten sie aus dem Aufrunden ein Sparangebot und die Kunden bestätigten ihnen, dass es keinen großen Unterschied macht, ob man 10 Dollar spart oder 100 Dollar – ausschlaggebend ist das gute Gefühl, etwas gespart zu haben. Die Bank bekam so 700.000 neue Banknoten, weil sie eine Art Sparschwein-Konto anbot.[5]

Ein anderes Beispiel kann Netflix bieten. Dort wollte man im Jahr 2011 ein neues Interface gestalten. In der Regel werden bei solchen Software-Veränderungen A und B Versionen erstellt und dann permanent mithilfe von Nutzern getestet. Man beobachtete dabei genau, was die Nutzer machten. Am Ende kam eine neue, dichter gestaltete Version heraus, die von vielen

---

[5] Russo, B. et al. (2012): Design Thinking Business Innovation

Nutzern kritisiert wurde. Aber: sie wurde mehr und intensiver genutzt, als die vorherige Version. Bryan Gumm, ein Produktentwickler aus den USA, hat diese Erfahrung auf den Punkt gebracht: "What people say and what they do are rarely the same. We're not going to tailor the product experience, just to please half a percent of the people."[6] (Was Leute sagen, und was sie machen, ist selten das Gleiche. Wir werden nicht die Produkterfahrung so verändern, dass wir nur ein halbes Prozent der Kunden zufriedenstellen.) Deswegen sind Befragungen, insbesondere, wenn man fragt, ob etwas gut ist oder nicht, weniger geeignet. Den Nutzer zu beobachten, bringt hingegen wesentlich mehr.

Nutella hat das einmal bewiesen, als Boris Becker noch als Werbefigur fungierte. Becker hatte in einem Werbeclip die Nutella von einem Messer abgeleckt – etwas, was wir alle tun. Doch es gab sofort einen Aufschrei, dass dies doch für Kinder gefährlich sei. Nutella gab dem nach und brachte einen Nutella-Streicher auf den Markt, der keine scharfe Klinge hatte. Was das Beispiel aber eigentlich zeigen soll: Nutella hatte schlichtweg

---

[6] Design for Founders: 10 Powerful Case Studies of Remarkable Business Growth With Design You Need to See. URL: https://www.designforfounders.com/business-growth-with-design/ [Stand: 29-05-2018]

verstanden, dass Erwachsene es ebenso gerne essen, und dass sie nun – weil sie erwachsen sind – nach Herzenslust das Messer ablecken können, ohne dass jemand mit ihnen schimpft. So etwas weiß man nur, wenn man genau beobachtet, wie das Produkt tatsächlich genutzt wird, und einen Blick für Kleinigkeiten und Details hat.

Rausgehen

Bei den Exkursionen ist eine Regel wichtig: Sinn und Zweck ist es nicht, bestätigt zu bekommen, was man weiß, oder von dem man denkt, dass man es weiß. Zum einen ist es wichtig zuzuhören, zum anderen sind aber vor allem die Ausnahmen von der Regel – wie die Frau, die aufrundet – wichtig. Neues findet man immer dort, wo man normalerweise nicht sucht, in den Ecken – oder statistisch ausgedrückt, in den Ausnahmewerten. Wo man normalerweise in einer Grafik die Ausreißer vernachlässigt, schaut man beim Design Thinking genau hin. Wenn man zum Beispiel eine Filiale hat, die überdurchschnittlich Umsatz macht, ist es interessant zu erfahren, was dort passiert. Das gleiche gilt aber auch für die Filiale, die zu wenig Umsatz machen. In beiden Fällen solltest Du aber weniger mit dem dortigen

Geschäftsführer sprechen, als mit den Kunden, die kommen – oder jenen Passanten, die am Geschäft vorbei gehen.

Kundenreise

Eine weitere Methode ist die Customer Journey: Lebe einen Tag lang das Leben eines Kunden und versuche zu sehen, wo die so genannten Touchpoints sind, an denen ein Kunde mit Deinem Unternehmen oder Deiner Dienstleistung in Kontakt kommt. Ein Hersteller von Insulinspritzen wollte wissen, wie man das Produkt verbessern kann, und hat seine Mitarbeiter einen Tag lang als Diabetiker leben lassen – inklusive sich selbst Spritzen zu verabreichen (allerdings ohne Insulin), auf das Essen zu achten und die Glucose-Werte zu überprüfen.

Du kannst eine solche Kundenreise auch für viele andere Produkte und Dienstleistungen verwenden. Ein anderes Beispiel wäre, dass Du als Kunde versuchst, bei Deiner IT-Firma eine Webseite entwickeln zu lassen. Selbst das Rollenspiel an sich wird Dir bereits viele Erkenntnisse bringen.

Es geht aber nicht nur um Deine Firma und Dein Produkt selbst. Um den Kunden und seine Welt zu verstehen, musst Du auch seine Welt beobachten. Ist Deine Firma ein Bekleidungshersteller, wirst Du Dich mit Trends beschäftigen müssen. Welche Wichtigkeit hat Mode für Deine Kunden? Welche Vorbilder haben sie? Wie entscheiden sie, was sie morgens anziehen? Aber auch: Wo sind Trendsetter zu finden? Welche Subkulturen gibt es, die modisch zu Deinen Produkten passen?

In diesem Fall solltest Du einfach in Szeneclubs gehen und die Leute beobachten. Ähnliche Eindrücke wirst Du aber auch bekommen, wenn Du Dich an einen belebten Platz setzt. Gut geeignet sind dabei stets Bahnhöfe und Flughäfen, weil dort viele Menschen aus verschiedenen Ländern und Gesellschaftsgruppen anzutreffen sind.

Im Verkauf spricht man oft von den fünf Phasen, die ein Kunde durchläuft: Entdeckung des Problems ("Ich brauche neue Laufschuhe"), Informationssuche ("Welche Schuhe gibt es? Was kosten sie? etc."), Bewertung ("Welche sind günstiger? Welche halten länger?"), Kaufentscheidung ("Diese nehme ich!"), Verhalten nach dem Kauf ("Bin ich mit den Schuhen zufrieden?").

Du kannst jetzt in jedem Schritt dieses Prozesses einsteigen und Fragen[7] stellen. Paul Boag hat in seinem Blog einen recht einfach zu verstehenden Artikel geschrieben, wie man mit der Kundenreise anfängt:

- Was will der Kunde in diesem Schritt erreichen?

- Was will der Kunde in diesem Schritt wissen?

- Welche Berührungspunkte (Touchpoints) gibt es in diesem Schritt?

- Wie fühlt sich der Kunde in diesem Schritt?

- An welchem Punkt verlieren wir den Kunden in dieser Phase?

- Wer oder was beeinflusst den Kunden in dieser Phase?

---

[7] Boag, P. (2018): What Is Customer Journey Mapping and How to Start? URL: https://boagworld.com/usability/ customer-journey-mapping/[Stand: 04-04-2018]

Du kannst aus den Fragen und den Schritten eine Tabelle erstellen, die dann als Rahmen dienen kann. Besser als nur Stichworte einzutragen, ist es aber auch Bilder oder Zeichnungen zu verwenden, um eine stärkere visuelle Darstellung zu erhalten.

Aufzeichnen

Wie aber kannst Du die vielen Erfahrungen, die Du draußen machst, überhaupt festhalten?

Am einfachsten sind Videos und Fotos, aber auch zahlreiche handschriftliche Notizen. Du kannst mit der Aufnahmefunktion Deines Handys auch kleine Interviews führen, und diese dann später entweder zusammenfassen oder transkribieren.

In der Beobachtungsphase gilt es, so viele unterschiedliche Informationen wie möglich zu sammeln, ohne dass Du diese durch leitende Fragen verfälschst. Sie müssen so roh und ehrlich wie möglich sein.

Die **Aufzeichnungsarbeit** mag nicht so interessant sein, wie das Beobachten selbst, aber sie ist für das Projekt sehr wichtig. Auch wenn Dein Gedächtnis noch so gut ist, Du wirst Beobachtungen vergessen haben, bis ihr wieder zurück in den Workshop geht. Am besten legst Du vorher fest, wie ihr die Informationen verarbeiten wollt, ob es ein digitales Format gibt, oder ob sie auf Papier aufgeschrieben werden sollen. Du kannst auch kleine Karteikarten (siehe Beispiele weiter unten) anfertigen, die später die Sortierung auf einer Wand erleichtern können.

Schreibtischarbeit

Es wird vielleicht Mitarbeiter geben, die nicht gerne rausgehen wollen. Das ist kein Problem, denn Du kannst auch vom Schreibtisch aus herausfinden, was Deine Kunden denken. Hier kommt die **digitale Beobachtung** ins Spiel. Versuche als Kunde herauszufinden, was andere Kunden über dein Produkt oder Deine Dienstleistung denken. Am einfachsten ist es natürlich nochmals die Kommentare auf Deiner Facebook-Page zu lesen, oder im Firmenblog und anderen sozialen Kanälen zu recherchieren. Du kannst aber darüber hinaus auch nach Deinem Produkt in den Suchmaschinen suchen und prüfen, ob es irgendwelche Besprechungen gibt, ob jemand etwas darüber geschrieben hat, oder ob grundsätzlich Bewertungen vorliegen. Ein empfehlenswerter Ort sind nach wie vor die guten alten **Foren**, die sich vor allem in Deutschland immer noch großer Beliebtheit erfreuen. Suche Dir Foren heraus, die thematisch nahe an Deinem Produkt sind.

Wichtig ist auch hier, dass Du nur beobachtest. Die Versuchung ist groß, auf einen Forumsbeitrag oder einen Facebook-Kommentar zu antworten, aber das ist nicht Deine Aufgabe. Du kannst Dir den Link kopieren und an den Kundendienst weitergeben, falls es ein Problem gibt. Aber Du bist zunächst nur ein Eichhörnchen, das fleißig Nüsse sammelt (diese aber nicht versteckt!).

Um zum Beispiel Tourismus zurückzukommen: Hier kannst Du wunderbar Reiseblogs durchforsten. Du wirst in vielen Reiseberichten lesen, dass Reisende entweder begeistert waren, "dass da nur wir waren und die Einheimischen", oder dass sie sich beschweren, "weil überall Chinesen waren, und dann auch noch die amerikanischen Gruppen".

Analyse

Du hast jetzt eine Menge Informationen gesammelt, und sie liegen alle in einem digitalen oder realen Ordner, oder gar in beiden. Jetzt geht es darum, diese Daten zu verstehen. Und dazu müssen sie erst einmal raus aus dem Ordner und sichtbar gemacht werden. Am besten geht das mithilfe einer Wand, an die man alles heftet, was man auf Papier haben kann. Videos und Tonbeiträge können mit Platzhaltern und einer kleinen Beschreibung visualisiert werden.

Die meisten Design Thinking Teams nutzen eine solche Wand oder große Tafeln, weil die haptische Erfahrung und die physische Präsenz von Gegenständen meist die Kreativität stärker anregt und man einheitlich das gleiche Bild vor Augen hat. Du kannst auch, insbesondere bei kleineren Projekten, elektronische Mindmaps oder Ähnliches benutzen. Bei den Teammeetings sollte diese Mindmap aber am besten per Projektor für alle sichtbar an die Wand geworfen werden.

Achtung: In allen Phasen des Design Thinkings ist Diversität, Teamarbeit und Out-of-the-box-Denken gefragt. Deswegen ist es wichtig, dass auch das Sortieren des Beobachtungsmaterials idealerweise gemeinsam durchgeführt wird.

Im ersten Schritt wird alles, einfach wie es kommt, auf die Wand geklebt. Stelle es Dir vor wie einen Koffer, den Du nach einer Reise ausleerst. Du kippst ihn einfach aus, und siehst dann auf dem Boden die schmutzige Wäsche, die Souvenirs, die Muschel vom Strand und die praktische Gummizug-Hose, die Du jeden Tag getragen hast, aber hier niemals anziehen würdest.

So wie Du beim Betrachten Deines ausgeleerten Koffers beginnst, die Dinge nach Urlaubserinnerungen und nach dem, was wieder in den Alltag kommt, zu trennen (Waschbeutel, Kleider, Schuhe, Fön), wirst Du jetzt auch anfangen, Deine gesammelten Beobachtungen zu sortieren.

Sortieren

Wenn alles ausgeleert und gut sichtbar an der Wand platziert wurde, geht es ans Sortieren. Dabei können die so genannten Insight Cards helfen, wie sie zum Beispiel von der amerikanischen Firma IDEO empfohlen werden, die einer der Vorreiter beim Design Thinking ist.[8]

Eigentlich handelt es sich dabei um einfache Karteikarten, die alle einheitlich strukturiert sind, zum Beispiel wie folgt:

TITEL	
Beschreibung	
Quelle	

Am Beispiel eines Textilherstellers könnte eine Karte von einer Exkursion so aussehen:

TITEL	Unsinnige Beschriftungen "Man Bike ATM"
Beschreibung	Leute tragen T-Shirts mit Beschriftungen, die keinen Sinn ergeben, als ob sie zufällig gemacht sind.
Quelle	Beobachtung am XX.XX. am Bahnhof Y.

Bei einer Online-Recherche sähe die Karte so aus:

TITEL	Schwarz bleicht aus
Beschreibung	Kunden beschweren sich, dass die Farbe der schwarzen Bluse schnell ausbleicht

Quelle	http://abcdefg.com

Du kannst solche Karten eigentlich auch schon während der Beobachtungsphase benutzen, es hat aber auch Vorteile, wenn die ersten Beobachtungen so roh wie möglich sind, und dann auf den Karten zusammenge-fasst werden.

Solche Karten können auch mit Fotos versehen werden. Im Rahmen von Videos sollte eine Karte den Inhalt des Videos kurz beschreiben.

Kategorisieren

Jetzt hast Du es etwas einfacher, die verschiedenen Beobachtungen anzusehen, und es geht daran, Gemeinsamkeiten zu finden. Am besten stellen sich dazu alle Teammitglieder vor die Wand und jeder darf seine Meinung einbringen, welche Karten zusammengehören, oder in einer Beziehung zu einander stehen. Du kannst das auch mithilfe von verschiedenfarbigen Schnüren sichtbar machen, mit denen die Karten verbunden werden.

Die wichtigste Frage, die Du und Dein Team aber beim Sortieren stellen müsst, ist: Warum? Warum mögen die Leute komische Beschriftungen? Warum ist das Ausbleichen so ein Problem (ok, die Antwort liegt nahe, aber warum schreiben sie dann im Forum und nicht direkt an Deine Firma)? Du wirst versuchen müssen herauszufinden, was Deinen Kunden antreibt, was seine Bedürfnisse sind.

Gute Schlagworte, anhand derer man suchen kann, sind:

- Verhalten
- Wünsche
- Träume

- Realität
- Bedürfnisse
- Verantwortliche
- Kontaktpersonen

In der englischen Design Thinking Literatur spricht man dabei von User, Needs und Insights, die zusammengehören. Damit ist gemeint, dass Du aus den Inhalten der Karten anfängst, bestimmte Typen zu identifizieren, die bestimmte Bedürfnisse haben, wie Du bei Deinen Beobachtungen herausgefunden hast.

Achtung: Es geht dabei ausdrücklich nicht darum, den kleinsten gemeinsamen Nenner zu finden! Vielmehr steht im Mittelpunkt, die Bedürfnisse besser zu verstehen und sichtbar zu machen, und es gibt bei Deinen Kunden nicht nur ein Bedürfnis.

Ziel ist es, einen sogenannten Point of View (POV) zu definieren – eine Art Mikrotheorie, über den Problembereich und die Bedürfnisse der Benutzer. Der Weg zu diesem POV beinhaltet mehrere Teilprozesse: Das Team beginnt mit dem Storytelling, das heißt, die Erkenntnisse aus der Forschung werden im Team geteilt. Dann werden diese Einsichten nach bestimmten Themen gruppiert, um Muster zu identifizieren. Während der Synthese werden diese Einsichten in ein visuelles Framework (wie eine 2-by-2-Matrix, ein Venn-Diagramm oder eine Kausal-Map), oder in eine benutzerbezogene Person zusammengefasst (das kann ein Charakterprofil sein, eine Kundenreise oder ein Nutzungsszenario). Dies wird dann in den Point of View transformiert, der eine, normalerweise verbalisierte (manchmal metaphorische), Beschreibung des spezifischen, identifizierten Problems ist und eine Mikrotheorie über die Bedürfnisse des Benutzers enthält.

Es gibt hunderte verschiedener Arten und Weisen, wie man etwas sortieren kann, von einer zeitlichen Sortierung, über alphabetisch, bis hin zu Sachthemen. Besser aber ist es, wenn Du einen gemeinsamen Rahmen für bestimmte Beobachtungen findest. Am Beispiel der Touristen wäre die Beobachtung:

> "Die Reisenden haben erwartet, dass sie eine ursprüngliche Landschaft vorfinden und keine Touristen."

Was aber für Dich wichtig ist, steht hinter dieser Aussage: "Touristen wollen ein authentisches Erlebnis und keine anderen Touristen sehen."

Du hast damit bereits ein Problem gefunden und folglich auch mögliche Lösungen – nämlich Touristen an Orte zu bringen, an denen keine anderen Touristen sind (was in Paris oder an den Pyramiden in Ägypten vielleicht etwas schwierig ist, aber das ist eben die Herausforderung).

Wenn Du mit Mindmaps arbeitest, musst Du keine vertikale Struktur erstellen, sondern kannst horizontal arbeiten, was Dir mehr Platz einräumt, und zudem auch eine bessere Übersicht. In der Analyse-Phase geht es vor allem darum, die Probleme zu identifizieren und mögliche Lösungswege oder Herausforderungen aufzuzeigen.

Bei allen Informationen, die Du und Dein Team gesammelt haben, kannst Du jetzt zu jeder Insight-Karte eine kleine Unter-Karte machen. Auf dieser vermerkst Du:

- Was stellt den Beobachteten zufrieden?
- Warum stellst es ihn zufrieden?
- Was mag der Beobachtete gar nicht?
- Warum mag er es nicht?

Kleine Wegweiser

Während es keine Einschränkungen beim Sammeln der Informationen gibt, kann es passieren, dass einige der Daten, die Du bekommen hast, so gar nicht zum Projekt passen. Wenn es zum Beispiel um die Erwartungen von Touristen am Urlaubsort geht, dann sind die Beschwerden über das Essen im Flugzeug erst einmal zweit- oder gar drittrangig.

Um sicherzugehen, dass es zum einen keine Verluste wichtiger Informationen gibt, zum anderen aber die Sammlung auch nicht ausfranst, kannst Du kleine Wegweiser aufstellen. Solltest Du an einer großen Wand arbeiten, kannst Du sie an die Seiten aufmalen, Du kannst aber auch kleine Pappschilder bauen, die den Weg zur Wand zeigen. Auf denen kann zum Beispiel stehen:

→ Wir wollen den Gästen die besten Erfahrungen bieten

→ Wir wollen neue Wege im Tourismus gehen

→ Wir wollen besser mit unseren Kunden kommunizieren

Diese Richtlinien basieren zum einen auf dem Projekt an sich (Lösungen für Kundenbeschwerden), zum anderen werden sie sich auch aus den Daten selbst kristallisieren. Idealerweise sollte eine Person im Team ein Auge auf diese kleinen Wegweiser haben, und sie eventuell auch aktualisieren.

Achtung: Es ist manchmal schwer festzustellen, ob es sich bei einer Information um etwas Nebensächliches handelt, oder um eine extreme Sichtweise. Letzteres ist es eigentlich, wonach Du suchst, deswegen sollte immer von neuem abgewogen werden, bevor eine Insight-Karte beiseitegelegt wird.

Definieren der Bedürfnisse

Das Team sollte jetzt an einem Punkt sein, an dem sich der Nebel etwas lichtet, und man bereits ein Stück des Himmels sehen kann. Du hast nun eine konkretere Vorstellung davon, was Kunden wünschen, was das Problem ist, und welche Chancen es bietet. Aber das ist in vielen Fällen immer noch zu allgemein, und vor allem nicht wirklich greifbar.

Damit Du noch besser verstehst, ob Deine Informationen auch wirklich die Bedürfnisse der Nutzer widerspiegeln, gibt es verschiedene Methoden - eine davon ist die SPICE-Methode.

Diese steht für **Social, Physical[9], Identity, Communication und Emotional**. Sie beschreibt ein Framework, in dem die Bedürfnisse von Nutzern ermittelt und dargestellt werden können. Deine Aufgabe ist es, die verborgenen Bedürfnisse der Kunden oder Nutzer herauszufinden, und zwar solche, die bisher nicht befriedigt werden können.

---

[9] Design Thinking: The Guidebook for Public Sector innovation in Bhutan. URL: http://www.rcsc.gov.bt/wp-content/uploads/ 2017/07/dt-guide-book-master-copy.pdf [Stand: 20-06-2018], S. 28

Ein Beispiel sind Kühlschränke: Sie sind etwas, was wir alle in der Küche stehen haben, was wir unbedingt brauchen. Aber sie sind meist hässlich, klobig und nehmen eine Menge Platz ein. Käufer von Kühlschränken wollen eigentlich nicht nur ein zweckmäßiges Gerät, sondern auch eines, das ihren Wunsch nach einer schön eingerichteten Küche befriedigt.[10] Im Rahmen eines Design Thinking Prozesses kam man bei einem Küchenhersteller schließlich darauf, dass Küchengeräte immer mehr ein Einrichtungsgegenstand sind, und auch als solcher betrachtet werden. Deshalb bekleben wir unsere Kühlschränke mit Magneten oder nutzen sie als Notizzettelhalter.

Das Bedürfnis der Kunden wäre also gewesen: "Ich möchte, dass der Kühlschrank zur Gesamteinrichtung passt, weil ich Wert darauf lege, dass meine Wohnung schön eingerichtet ist."

SPICE kann aber auch helfen, die Kunden und ihre tieferen Bedürfnisse zu verstehen. Solche Bedürfnisse

---

[10] Gullberg, G.; Widmark E.; Nyström, M.; Landström, A. (2006): DESIGN THINKING in BUSINESS INNOVATION

sind meist allgemeiner formuliert, zum Beispiel: "Ich möchte Geld sparen" oder "Ich möchte gesund leben". Es können auch Verhaltensweisen sein, wie "Ich möchte gerne alleine sein" oder "Ich bin nicht gerne alleine", "Ich mag Orte, die ich bereits kenne" oder "Ich erkunde gerne Neues".

Meistens handelt es sich bei diesen Bedürfnissen um soziale Bedürfnisse ("Ich lege Wert auf das, was meine Freunde denken"), emotionale ("Ich fühle mich gut, wenn ich Schokolade esse") oder physische ("Sport reduziert meinen Stress").

Um sowohl die Erkenntnisse aus der Informationssammlung, als auch aus der Bedürfnisanalyse zusammenzubringen, kannst Du sie visualisieren. Hier hilft eine alte Technik aus dem Marketing, die Persona.

Personas

Personas sind Idealtypen eines Kunden. Während man normalerweise versucht, den Kunden als das Mittelmaß aller Daten zu verstehen, geht man bei den Personas einen anderen Weg. Zuerst einmal muss man dabei verstehen, dass es nicht nur einen Kunden- oder Mitarbeitertyp gibt. Nur weil 60 Prozent der Kunden weiblich sind, heißt das nicht, dass man nur für Frauen produzieren muss. Nur weil 40 Prozent gerne Nudeln bestellen, und nur 20 Prozent Reis, heißt das nicht, dass es nur noch Nudeln gibt. Stattdessen versucht man in diesem Fall, sich sowohl den Reis- als auch den Nudelfreund besser vorzustellen.

Nehmen wir als Beispiel, dass man die Kantine in der Firma verbessern will. Immer weniger Mitarbeiter nutzen die Kantine, und es gibt Beschwerden über das Menü. Du hast mit vielen Mitarbeitern, dem Küchenteam und auch mit Gästen gesprochen, das firmeneigene Intranet nach Kommentaren durchsucht, und Dein Team hat bereits eine umfassende Karte mit allen Infos und Kategorien angefertigt. Dabei kommt es unter anderem auch zum Beilagenkrieg. Es stellt sich heraus, dass es neben der Nudel- und der Reisfraktion, auch noch eine Kartoffelfraktion gibt, und außerdem die Low-Carb-Freunde, die gar keine Sättigungsbeilage wollen. Es zeigt sich aber auch, dass Kartoffel- und Nudelesser eher wechseln als die Reisesser. Es gilt also, den Reisesser besser zu verstehen.

Eine Persona soll die Bedürfnisse des Kunden darstellen, seine Motivation und seine Erwartungen. Im Marketing versucht man auch viele Äußerlichkeiten dabei zu verwenden, wie Geschlecht, Einkommen, Ausbildung, Kaufkraft und Ähnliches. Bei Design Thinking geht es aber vor allem um die weichen Faktoren.

Du kannst diesen Personen Namen geben, wie "Max" oder "Rita", besser ist es aber, sie nach einer herausragenden Eigenschaft, wie eben "Reisesser" zu benennen.

Eine Persona wird dann so beschrieben:

Max isst gerne Reis, weil er glaubt, dass Reis gesünder ist und weniger Kalorien hat. Er will sein Gewicht halten. Außerdem fällt es ihm leichter, Reis nicht komplett aufzuessen. Max isst auch wenig Fleisch und geht gerne auf Bauernmärkte. Seine Urlaube verbringt er meistens in Asien, wo er viel Fahrrad fährt. Max arbeitet in der Buchhaltung.

Achtung: Die Personas sind fiktionale Personen, keine die es wirklich gibt. Sie werden wie mit einem Baukasten aus den Informationen zusammengesetzt, die oft auch Extreme beschreiben.

Du solltest je nach Projekt vier bis sieben verschiedene Personas haben, aber auch diese Zahlen sind nicht in Stein gemeißelt. Meistens gibt Dir Deine Info-Wand die Zahl der Personas vor, wenn Du die Informationen gut genug sortiert hast. Du solltest auf jeden Fall mit dem Team besprechen, wer diese Personas sein können.

In manchen Design-Thinking-Seminaren wird gelehrt, dass man eine Persona wie einen Pass gestalten kann, mit einer Art Foto, Namen und Beschreibung. Das ist eine gute Methode, um die Persona zu visualisieren, sollte aber eher am Ende stehen. Besser ist es, die verschiedenen Personae durch ihr Verhalten oder ihr Verlangen zu unterscheiden, und dann einen Idealtyp um sie zu bauen. Oder anders gesagt: Die Personae unterscheidet nicht Alter und Geschlecht, sondern warum sie etwas tun, oder warum sie etwas gerne machen.

Du kannst für die verschiedenen Personae einen Steckbrief anlegen:

Steckbrief	Name:	
Alter: Geschlecht: Wohnort: Beruf: Ausbildung: Einkommen: Familie:	Ziele: Motivation:	Innere Bedürfnisse:
Hobbys: Macht er/sie gerne: Hasst er/sie:	Herausforde-rungen:	Äußere Bedürfnisse:
Lebensumfeld:	Verhalten:	

Ideation

Der nächste Schritt ist der wohl bedeutendste im Design Thinking. Er ist aber auch der spannendste. Der Begriff Ideation kommt von Idea, dem englischen Wort für Idee, und genau um diese geht es hier. Es ist der Prozess der Ideenfindung. Wenn ein Designer einen neuen Stuhl entwerfen will, wird er auch zuerst schauen, wie andere Stühle aussehen und mit Menschen darüber sprechen, welche Ansprüche sie an einen Stuhl haben und wie sie diesen benutzen. Manche sitzen entspannt nach hinten gelehnt, andere stellen sogar einen Fuß hoch, und wieder andere brauchen Armlehnen. Erst nach dieser Phase kann der Designer sich an den Zeichentisch setzen und anfangen, Ideen zu Papier zu bringen.

Bei Design Thinking für andere Prozesse ist das ähnlich. Es geht jetzt darum, die Probleme, die man erkannt hat, zu lösen. Du willst den Personas helfen, die Du entwickelt hast. Oder um bei unserem Beispiel zu bleiben: Es geht darum, in der Kantine sowohl die Reis- als auch die Nudelfreunde zu befriedigen, oder den Touristen eine wertvollere Erfahrung im Zielland zu geben.

Am besten nimmst Du Dir jetzt wieder die Personas vor, denn sie versinnbildlichen am ehesten Dein Problem. Nun geht es darum, zu überlegen, wie Du das Problem der Person lösen kannst. Dazu schreibst Du die Bedürfnisse auf und fragst, wie die Lösung aussieht. Also zum Beispiel:

> *Wie können wir Max Wunsch, nach mehr asiatischem und gesundem Essen, erfüllen?*

> *Wie können wir Max zudem auch Kartoffeln schmackhaft machen?*

Das sind jetzt schon konkrete Fragen und ebenso konkret sollen nun auch die Antworten sein, am besten machst Du das auch wieder mithilfe einer Tafel oder einer Wand, an die Notizzettel geklebt werden.

Methoden der Ideenfindung

Eine Methode um Ideen zu finden, kennst Du bestimmt schon: das gute alte Brainstorming. Das findet auch hier statt, mit einigen Besonderheiten. So ist es wichtig, dass möglichst viele verschiedene Teilnehmer involviert sind. In den meisten Büchern und Seminaren wird sogar verlangt, dass hier zusätzlich auch Designer anwesend sein müssen, denn darum ginge es ja, das Zusammenspiel von Designern und Analysten. Nun gibt es Branchen, in denen nichts designed wird, aber in denen sehr wohl Dienstleistungen als Produkte entwickelt werden.

Es geht nicht so sehr darum, welchen Titel die Mitglieder im Brainstorming haben, sondern darum, dass sie alle einen unterschiedlichen Hintergrund haben. Ichnen werden nun die Probleme präsentiert und dann darf drauflos gedacht werden. Manchmal funktioniert das alles schon von selbst, insbesondere wenn die Teilnehmer des Brainstormings schon etwas Erfahrung mit diesem Vorgehen haben. Solltest Du aber eine Gruppe vor Dir haben, bei der es vielleicht einige Anlaufschwierigkeiten gibt, dann kannst Du auch ein wenig nachhelfen. Ein Weg ist die Dreier Methode.

Dreier-Methode

Jeder Teilnehmer bekommt ein Blatt Papier, welches aus drei Spalten und drei Reihen besteht. Jeder kann nun bis zu drei Ideen eintragen, und zwar in die erste Reihe. Dann wird das Blatt weitergegeben, und nun gilt es die Ideen, die dort bereits stehen, weiterzuentwickeln und zu verbessern.

Du kannst in den Reihen und Spalten variieren, je nach Teilnehmerzahl. Allen sollte klar sein, dass es um Ideen geht, die mit der Fragestellung zu tun haben, aber auch, dass sie frei sein können, in dem was sie denken. Oftmals haben Menschen eine Hemmung diesbezüglich im Kopf verankert, weil sie Angst haben, etwas falsch zu machen. In diesem Prozess wäre das fatal. Du musst also versuchen, alle zu ermutigen, auch verrückte Ideen zu präsentieren. Was am Ende nicht möglich ist, wird ohnehin aussortiert. Wer also glaubt, Touristen ein einmaliges Erlebnis bieten zu können, bei dem sie keine anderen Touristen sehen, indem er sie auf den Mond schießt, kann das gerne aufschreiben. Vielleicht macht ein anderer Teilnehmer ja etwas Realistischeres daraus, wie einen NASA-Simulator oder eine virtuelle Mondreise. Es ist wichtig, dass solche Vorschläge gemacht werden.

Die Blätter sind aber nur ein Weg, um an Ideen zu kommen. Eine andere ist, sich auf den Boden zu begeben. Die Teilnehmer werden in Gruppen von je vier Personen unterteilt, und auf dem Boden wird ein sehr großes Papier (A1, A0 oder noch größer) ausgelegt. Jetzt bekommen sie entweder eine Kiste mit Fotos, die alles Mögliche zeigen, oder eine Kiste mit verschiedenen Spielzeugfiguren. Die Spielzeuge kannst Du zum Beispiel vorher organisieren, indem jeder, der Kinder hat, einige mitbringt. Du kannst aber auch Lego- oder andere Bausteine verwenden. Es geht dabei weniger darum, was diese Gegenstände darstellen, als darum, dass Assoziationen gebildet werden. Dadurch wird verhindert, dass alle nur auf ein leeres Blatt Papier starren und so keine Ideen aufkommen.

Wer es etwas formaler haben will, kann auch so genannte Co-Creation Meetings machen. Diese eignen sich vor allem für etwas kleinere Gruppen, bis zu zehn Personen. Man setzt sich zusammen und fängt mit kleinen Ideen an, die nicht unbedingt mit dem Projekt zu tun haben müssen. Es geht lediglich darum, das Hirn auf Touren zu bringen.

Eine einfache Frage ist: Was brauchen wir, um eine Torte zu backen? Da wird es von Vorschlägen nur so sprudeln, weil fast jeder dazu etwas beitragen kann. Du wirst aber auch Teilnehmer identifizieren können, die ruhiger sind, und sie eventuell unterstützen.

Achtung: Manche Teilnehmer werden solche Unterstützung ablehnen und sagen, sie seien einfach keine kreative Person. Aber jeder kann kreativ sein, es gilt nur diese Kreativität in eine Aktivität zu führen.

Oftmals wird bei Brainstormings der Fehler gemacht, dass sie von einer Führungsperson im Unternehmen geleitet werden. Das ist aus gruppendynamischen Gründen keine gute Idee, weil Mitarbeiter dann denken, sie müssten eine gute Leistung abgeben. Es hilft dabei auch wenig, darauf hinzuweisen, dass jeder frei denken kann. Wenn Dein Abteilungsleiter unbedingt dabei sein will, dann soll er Teil eines Teams werden, wie jeder andere auch.

Überhaupt braucht ein Brainstorming keine wirkliche Leitung, sondern nur jemanden, der auf die Uhr schaut, die Materialien ausgibt und Hilfe leistet, wenn jemand (oder eine ganze Gruppe) nicht vorankommt.

Manchmal ist es auch besser, solche Brainstormings nicht im Unternehmen selbst durchzuführen, sondern rauszugehen. Das sollte jedoch kein neutraler und steriler Hotelmeeting-Raum sein, sondern etwas, das inspiriert. Wenn das Wetter es erlaubt, kannst Du auch einfach auf eine Wiese gehen, oder in einen Park. Bei Regen kann es ein Co-Working-Space sein oder ein Coffeeshop, der große Tische bietet. Wer "Out of the box" denken will, sollte auch physisch außerhalb der Box sein, wenn das möglich ist.

SCAMPER

Eine Brainstorming-Technik, die recht gute Ergebnisse, insbesondere bei physischen Gegenständen und Produkten, liefert, ist SCAMPER. Das steht für:

S - Substitute (Was kann ersetzt werden?)

C - Combine (Was kann ich damit kombinieren?)

A - Adapt (An was erinnert mich das?)

M - Modify and Magnify (Wie kann ich es verändern?)

P - Put to other use (Was kann ich noch damit machen?)

E - Eliminate (Was macht man ohne das Objekt? Was kann ich wegnehmen?)

R - Reverse (Was passiert, wenn ich es umgekehrt benutze?)

Meistens wird den Teilnehmern ein Objekt in die Hand gegeben, weil Brainstorming am besten funktioniert, wenn viele Sinne gleichzeitig angesprochen werden. Man kann dann die Buchstaben auf ein Flipboard untereinanderschreiben, und die Teammitglieder können entsprechende Ideen in die horizontale Spalte notieren. Auch bei dieser Methode entsteht eine Viel-zahl an Ideen, sie hat aber zudem den Vorteil, dass diese bereits kategorisiert sind.

Analogistische Inspiration schaffen

Man kann das Pferd auch von hinten aufzäumen, wenn es darum geht, eine andere Herangehensweise zu erfinden. Und so kannst Du beispielsweise auch einen Blick auf andere Branchen werfen, und herausfinden, wie sie diese Probleme gelöst haben. Oft genug lernen wir nur von Unternehmen, die im Wesentlichen das Gleiche tun, statt von denen, die etwas ganz anderes machen, aber mit den gleichen Problemen konfrontiert sind.

Die analogistische Inspiration funktioniert recht einfach:

Die Teammitglieder bekommen Studien aus anderen Branchen und Unternehmen, die zeigen, wie dort Innovation verstanden und umgesetzt wird. Auf einer großen Wand (oder Tafel) können die Teilnehmer nach dem Lesen der Studien auf kleine Zettel schreiben, welche positiven Erfahrung sie gemacht haben. Das können auch mehrere Ideen pro Studie sein. Zunächst werden alle Zettel wahllos aufgeklebt. Wenn alle fertig sind, geht es darum die Zettel thematisch zusammenzufassen.

Konvergenz

Ganz gleich welche Methode Du anwendest, versuche viele, und vor allem viele verschiedene, Ideen zu bekommen. Gerade verrückte Ideen sind immer willkommen, und in der Ideenfindung sollte nicht über die Ideen selbst diskutiert werden. Auch im nächsten Schritt, der Konvergenz, geht es nicht um die Qualität der Idee. Sondern es geht darum, die Ideen in Themenfeldern unterzubringen. Sie müssen sortiert werden.

Auch hier sollte das ganze Team zusammenarbeiten. Ihr schaut euch die Ideen zusammen an, und dann sollen Vorschläge gemacht werden, welche übergeordneten Begriffe möglicherweise für einige Ideen passen.

Nehmen wir an, ihr habt nach Ideen gesucht, um die Kantine zu verbessern. Da kamen dann Vorschläge wie Bestellung online, veganes Essen, hochwertigere Tische und Stühle, Reis und Nudeln als Wahlbeilage, Essen zum Mitnehmen, Kochworkshops und viele mehr.

Die Themenfelder könnten dann wie folgt aussehen:

Menü – Was gibt es zu essen?

Infrastruktur – Möblierung, Theke, Öffnungszeiten

Digitalisierung – online Bestellung, Webseite mit Kalorienangaben

Aktionen – Kochkurse, Themenwochen

Solche Cluster sind der erste Schritt der Kategorisierung, sie können aber auch noch verändert werden. Auch sollte die Diskussion über die Themenfelder nicht allzu lange dauern und keine akademische Richtung einnehmen. Dabei hilft es immer wieder, das Grundproblem aufzurufen. Im Kantinenbeispiel geht es darum, die Akzeptanz der Kantine zu verbessern, also letztlich darum, wieder mehr Mitarbeiter in die Kantine zu locken.

An dieser Stelle kommt die erste schwierige Entscheidung: Ihr werdet euch für einige Cluster entscheiden müssen, und zwar jene, die euch vielversprechend erscheinen. Mit diesen wird dann weitergearbeitet. Wie aber weißt Du, welche Cluster die richtigen sind? Gar nicht. Das macht den Reiz des Design Thinking aus. Du wirfst nämlich die anderen Cluster nicht weg, sondern lässt sie liegen. Stellen sich die Themenfelder, die Du ausgewählt hast, als falsch heraus, kannst Du einfach wieder zurück gehen, und die anderen Themenfelder verwenden. Das ist das Herzstück von Design Thinking: Dass Du ausprobierst, testest und dann wieder von vorne beginnst.

Praxisbeispiel: Melina Costa, der die Innovationsberatung Coaeva gehört, hatte von der Adalbert Raps Stiftung den Auftrag bekommen, ein neues, innovatives Konzept für Metzger zu entwerfen. Die Metzgerbetriebe kämpften mit erheblichen Umsatzrückgängen, zum einen bedingt durch die Creutzfeld-Jakob-Krankheit, die durch Rinderhirne übertragen werden konnte, und zum anderen durch die Billiganbieter in den Supermärkten. Das Fleischerhandwerk ist zudem aber auch ein sehr traditionelles Handwerk, und daher nicht gerade die Speerspitze der Innovation. In den Gesprächen mit vielen Betrieben stellte sich heraus, dass oftmals die Frauen der Metzger kleine Gerichte kochten, die die Kunden dann entweder am Stehtisch verspeisten oder sogar mit nach Hause nahmen. Die Studenten vom Hasso-Plattner-Institut, die bei dem Projekt beteiligt waren, hatten deshalb die

Idee, dass man doch kleine Lunchboxen anbieten könnte. Diese sollten ein Fleischgericht enthalten, aber auch etwas zu trinken und vielleicht sogar ein kleines Dessert. Sie ließen dann mehrere Metzgereien Prototypen anfertigen. Das Ergebnis war ein Desaster: Fettige Schnitzel auf durchgeweichten Brötchen, dazu ein Orangenfruchtsaftgetränk und eine Hanuta-Schnitte. Es schien, als ob die Metzger entweder nicht verstanden hatten, um was es ging, oder keine Lust hatten, mitzuarbeiten. Und tatsächlich war letzteres der Fall. Sie wollten keine Innovation, sie wollten ausschließlich eine Wertschätzung des Handwerks. Man ging zurück zu der Beobachtungsphase und fügte die Metzger selbst als Gruppe hinzu, deren Bedürfnisse beobachtet werden sollten. Daraus erwuchs, dass man das Problem nicht mehr "Wie man ein Geschäft modernisiert" nannte, sondern "Wie das Metzgerhandwerk relevant bleibt". Am Ende stand das Projekt Trüffeljagd, bei dem die Metzger die besonders innovativen Betriebe besuchen und sich erklären ließen, was diese anders machten. Viele bekamen Ideen, die sie auch umsetzten, aber was am meisten gehört wurde, war, dass die Metzger "wieder stolz darauf waren, Fleischer zu sein."

Das Beispiel soll veranschaulichen, dass ein Prozess beim Design Thinking nicht linear verläuft, und man meist erst gegen Ende der Ideationsphase oder in der Prototypenphase merkt, dass man auf dem falschen Weg ist.

Nachdem Du also Deine Themenfelder gefunden hast, geht es darum, Ideen auszuwählen, die weiterverfolgt werden sollen. Auch hier werden die anderen Ideen aufgehoben, weil man sie später vielleicht doch noch brauchen kann (und ein paar Post-Its nehmen kaum Platz weg).

Abstimmung

Da es wahrscheinlich immer noch eine Menge Ideen gibt, die in den Themenfeldern enthalten sind, kann es sehr zeitaufwändig sein, auszudiskutieren, welche davon weiterentwickelt werden sollen. Die einfachste Methode ist das gute alte Abstimmen. Jeder hat eine Stimme und die Ideen mit den meisten Stimmen gewinnen. Du solltest das auch bei einem kleinen Team probieren, denn letztlich geht es in dieser Phase vor allem darum, eine Entscheidung zu treffen. Ob diese richtig oder falsch ist, wird sich dann herausstellen, und eigentlich gibt es im Design Thinking auch gar keine richtigen oder falschen Entscheidungen. Dein Auftrag und deine Mission ist es, ein Problem zu lösen, und nicht eine akademische Abhandlung über verschiedene Lösungsansätze zu verfassen.

Du musst nicht nur den Gewinner der Abstimmung weiterentwickeln, sondern kannst, je nach Umfang der Ideen, auch mehrere Vorschläge in die nächste Phase übernehmen. Meistens ist das der bessere Weg, weil man zum einen bei der Realisierung mehrerer Ideen voneinander lernen kann, und zum anderen etwas Zeit spart. Denn natürlich gibt es für ein Problem nicht nur eine Lösung, sondern viele verschiedene, die unterschiedlich schnell und einfach zu implementieren sind.

Du kannst die Abstimmung auch etwas differenzieren, in dem Du drei Kategorien erstellst, in denen jeder eine Stimme hat. Als Beispiel kann dienen: Die am einfachsten umzusetzende Idee, die am besten passende Idee und die verrückteste Idee. Damit stellst Du sicher, dass nach wie vor nicht nur das Mittelmaß verwendet wird, sondern auch außergewöhnliche Ansätze verfolgt werden.

Prototypen bauen

Eine Idee ist nicht viel wert, wenn sie nur auf Papier geschrieben steht. Erst wenn man versucht, sie zu realisieren, kann man auch sehen, ob sie wirklich das Problem, welches man identifiziert hat, lösen kann – oder ob sie überhaupt funktioniert. Ein Prototyp ist die Visualisierung einer Idee. Nun hängt es aber sehr stark von Deinem Projekt ab, wie so ein Prototyp aussehen kann. Am einfachsten sind immer diejenigen Ideen, die man irgendwie physisch sichtbar machen kann. Geht es um die Einrichtung der Firmenzentrale, so kann man mit Schuhkartons und Puppenstubenmöbeln arbeiten, um bestimmte Bereiche zu definieren. Bei der neuen Apple-Firmenzentrale hatte man zum Beispiel bewusst recht wenige Toiletten in dem runden Gebäude verteilt, um die Mitarbeiter dazu zu zwingen, durch die Gänge zu laufen und dabei anderen Mitarbeitern zu begegnen, die man sonst vielleicht nicht trifft. In einem Prototyp kannst Du so etwas sichtbar machen. Im Kantinenbeispiel kannst Du in der Tat ein veganes Gericht kochen, oder aber eine Quick-and-dirty-Webseite bauen, die die wesentlichen Elemente der Idee für Online-Bestellungen enthält.

Meistens haben Prototypen verschiedene Grade der Realisierung oder der Abstraktion, deswegen spricht man auch von abstrakten und konkreten Prototypen.

Bei den abstrakten Prototypen wird die Umsetzung der Idee meist als Konzept dargestellt. Bei den konkreten Prototypen wird ein Modell gebaut.

Abstrakte Prototypen

Um aus einer Idee ein Konzept werden zu lassen, braucht es jetzt etwas mehr Fokus. Was beim Brainstorming die Weite war, wird jetzt verengt. Das Konzept sollte deutlich und klar darlegen, wie die Bedürfnisse des Kunden gelöst werden sollen, und welche Vorteile er von der Lösung des Problems hat.

Du kannst dazu entweder wieder die Persona hernehmen, oder aber – solltest Du es noch nicht gemacht haben – versuchen, die Kundenerfahrung nachzuempfinden, um zu sehen, wo Dein Konzept am besten ansetzen kann.

Versuche Dir den Kunden vorzustellen, und überlege, wie und wann er mit Deinem Produkt oder Deiner Dienstleistung in Kontakt kommt. Es ist ähnlich der Kundenreise, aber nun beobachtest Du nicht so sehr, sondern begibst Dich in die Rolle der Persona und versuchst, deren Bedürfnisse nachzuempfinden.

Im Beispiel der Kantine fängt die Kundenerfahrung zum Beispiel schon am Arbeitsplatz an, wenn man sich fragt, was man zum Mittagessen haben möchte. Der nächste Schritt ist die Webseite der Kantine. Dann kommt der Kunde in die Kantine selbst und holt sich ein Tablett. Wie ist die Erfahrung auf dem Weg zu den Ausgabestellen? Wann und wo sieht er das Tagesmenü? Wie und wo findet er einen freien Tisch?

Versuche Dir all diese Schritte vorzustellen, schreibe sie auf und überlege, wo Deine Idee am besten ansetzen kann. Erinnere Dich an das Beispiel mit den Touristen, welche keine anderen Touristen sehen wollen. Nehmen wir an, eine Idee ist es, ihnen, nachdem sie ihre Reise und das Hotel gebucht haben, noch einen Extraausflug anzubieten, bei dem sie die unberührten Gegenden und die Umgebung der Stadt, in die sie fliegen, erkunden können. Wann kann man ihnen das am besten anbieten? Schon bei der Buchung der Reise? Oder wenn man ihnen die Reiseunterlagen schickt? Oder wenn sie gelandet sind? Oder nachdem sie im Hotel eingecheckt haben?

Meistens wird das Problem erst entstehen, wenn die Touristen eingecheckt haben, und sich die Umgebung angesehen haben. Vielleicht merken sie auch erst am nächsten Tag, wie belebt es ist. Genau dann ist der beste Zeitpunkt, um sich mit ihnen in Verbindung zu setzen und ihnen das Angebot mit dem Ausflug zu unterbreiten.

Würdest Du ihnen den Ausflug bereits bei der Buchung verkaufen wollen, könnte es passieren, dass sie das als aggressive Verkaufstaktik verstehen würden. Eine Ausnahme wäre aber, wenn es darum geht, erfahrene Kunden als Zielgruppe anzusprechen. Diese haben nämlich das Problem bereits bei der Buchung, und deswegen kannst Du ihnen genau an diesem Punkt das Angebot des Ausflugs machen.

Dieser Prozess mag banal klingen, und ist für manchen Marketingexperten auch ohne weiterführende Erklärung logisch. Aber das ist nur der Fall, weil man hinterher, nachdem man Personas und ihre Erfahrungen verstanden hat, natürlich immer schlauer ist. Oder anders gesagt: Wenn die Marketingabteilung das alles schon wissen würde, müsstet ihr keinen Design Thinking Workshop machen.

Du wirst mit Design Thinking keine revolutionären Erfindungen machen, und viele der Ideen sind kopiert und existieren auf eine ähnliche Art und Weise bereits. Darum geht es aber nicht. Es geht lediglich darum, Ideen zu finden, die ein Problem lösen. Das solltest Du nicht vergessen. Design Thinking ist kein Ideenwettbewerb, sondern eine Methode, um Kundenprobleme zu lösen.

Nachdem Du weißt, welche Idee an welcher Stelle des Kundenerlebnisses am besten passen würde, kannst Du anfangen, das Konzept zu formulieren. Das kann am Beispiel des Tourismus eine Beschreibung der Ausflüge sein und des Prozesses, wie man sie an die Kunden bringt (Repräsentant im Hotel oder per Email?), am Beispiel der Kantine kann es das grobe Design einer Intranetseite sein.

Konkrete Prototypen

Wenn es bei Deinem Projekt darum geht, ein Produkt zu entwickeln, dann sollte es auf jeden Fall so weit wie möglich visualisiert werden. So weit wie möglich heißt dabei aber nicht, dass Du gleich am Anfang das komplette Produkt fertig haben musst.

Beispiel: Eine Bank wollte wissen, wie sie ihre Geldautomaten verbessern können. Sie fanden heraus, dass die Kunden den Automaten zunächst als Maschine, dann aber auch als Interface und als einen Raum wahrnehmen. So spielte es eine Rolle, dass man das Rattern der Geldschein-Ausgaberolle hörte, denn Kunden haben immer Angst, dass sie etwas falsch machen, und dann kein Geld bekommen. Sobald sie das Rattern hörten fühlten sie sich erleichtert. Beim Prototyp galt es also zu vermeiden, dass man das Ratter-Geräusch abstellt, obwohl es so gar nicht nach High-Tech klingt. Im Design Thinking Workshop wurden dann aus Pappe Geldautomaten gebaut, das Rattern wurde mit einem Spielzeugautomotor simuliert. Man baute aber auch welche ohne das entsprechende Geräusch, um zu testen, ob dieses wirklich wichtig ist.

Es stellte sich schon am Pappmodell heraus, dass Kunden etwas vermissten.

Eine Methode war übrigens, dass man einen Papprahmen baute, und ein Teammitglied schlicht den Geldautomaten "spielte", während ein anderer den Kunden darstellte.

Ein anderes, gutes Beispiel war die Entwicklung von Kinderzahnbürsten. Bei IDEO hatte man sich mit dem Thema beschäftigt und festgestellt, dass Kinder die Zahnbürste anders halten, als Erwachsene. Sie haben noch keine ausgeprägte Feinmotorik, und wie auch bei einer Gabel oder einem Löffel, umklammern sie die Zahnbürste mit der ganzen Hand. Als Prototyp wickelte man einfach Papier um eine normale Zahnbürste und stellte fest, dass das schon ausreichte, um den Kindern das Zähneputzen zu erleichtern. Die daraus entwickelte Kinderzahnbürste war die meistverkaufte in den USA, und mittlerweile haben fast alle Zahnbürstenhersteller dieses Konzept kopiert.[11]

---

[11] Lanoue, S. (2015): IDEO's 6 Step Human-Centered Design Process: How to Make Things People Want. URL: https://www.usertesting.com/blog/2015/07/09/how-ideo-uses-customer-insights-to-design-innovative-products-users-love/ [Stand: 10-05-2018]

Die Entwickler von IDEO sind bekannt dafür, dass sie meist mit Pappe und einfachen Materialien arbeiten, wenn es darum geht, Prototypen zu bauen. Und dass sie erfolgreich sind, zeigt sich schon an den Produkten, die sie mitentwickelt haben, darunter die erste Computermaus für Apple, den Palm Pilot und einen mechanischen Wal für den Film "Free Willy".

Bei einem Prototyp solltest Du es niemals zu kompliziert machen. Bei IDEO ist die Devise: "Wie kann ich mit einem Minimum an Zeitaufwand etwas schaffen, mit dem ich so schnell wie möglich Rückmeldung von den Nutzern bekomme?"

Soll man den Nutzer bereits beim Prototyp einbinden?
Bei der Frage, ob die User auch Teil des Teams sein sollen, oder ob sie wenigstens helfen können, den Prototyp zu entwickeln, scheiden sich die Geister. Die einen meinen, dass der Prozess des Design Thinking zwar user-orientiert ist, aber diesen nicht involviert. Andere wiederum sagen, dass der User nicht früh genug eingebunden werden kann. Am besten ist wahrscheinlich ein Mittelweg. Am Anfang würde es wohl eher schaden, wenn die Kunden bei der Beobachtung ständig

Kommentare abgeben. Gerade bei Projekten innerhalb eines Unternehmens kann das wirklich störend sein. Es spricht aber nichts dagegen, Nutzer schon bei der Entwicklung des Prototyps einzubinden. Da sie ohnehin fürs Testen gebraucht werden, kannst Du sie auch schon etwas früher einbinden. Wichtig ist nur, daraus noch keine Testgruppe zu formen.

Testen

Sobald der erste Prototyp fertig ist, geht es daran, ihn zu testen. Je früher getestet werden kann, umso besser. Beim Testen geht es erst einmal nicht darum, zu sehen ob ein Prototyp funktioniert, sondern darum, wie die Idee beim Kunden ankommt. Zunächst willst Du grundlegendes Feedback bekommen. Angenommen, IDEO hätte den Prototyp der Kinderzahnbürste mit einem eckigen Kantholz gebaut, dann hätten die Kinder wahrscheinlich gesagt, dass es weht tut, sie festzuhalten. Bei einem Modell-ATM, der bei der Geldausgabe nicht rattert, würde das auch angemerkt werden. Bei einer Kantinenwebseite reicht der erste Eindruck "Wo ist denn das Tagesgericht?".

Testgruppen

Eine der schwierigen Aufgaben beim Design Thinking ist es, geeignete Testgruppen zu finden. Die Teammitglieder scheiden aus, weil sie zu sehr im Prozess verhaftet sind. Wenn das Projekt ein Problem lösen soll, welches innerhalb des Unternehmens besteht, dann solltest Du am besten Mitarbeiter auswählen, die davon direkt betroffen sind. Versuche eher eine möglichst gemischte, als eine möglichst große Gruppe zu bekommen. Du willst zuerst viele verschiedene Meinungen hören, und das letzte was Du willst, ist, dass Dir jemand aus Kollegialität auf die Schulter klopft.

Sind Kunden die Nutzer des Prototyps, dann kannst Du wie bei Fokusgruppen vorgehen und Kunden zu einem kleinen Workshop einladen. Meistens reicht es nicht, dass Du mit ihnen im Kreis sitzt und den Prototyp zeigst. Manche Design Thinking Experten sagen sogar, dass das richtige Testen und der damit verbundene Prozess entscheidend für das Endergebnis sind.

Du solltest Dir also gut überlegen, was Du testen willst, und wie die Nutzer es benutzen werden. Hast Du einen einfachen Prototyp entwickelt, dann versuche gleich mehrere Kopien anzufertigen, so dass die Workshop-Teilnehmer nicht warten müssen. Am Anfang des Tests solltest Du darlegen, um was es in dem Projekt geht, was Du in den Beobachtungsphasen gelernt hast, welches Problem ihr identifiziert habt, und wie ihr es lösen wollt. Das sollte keine stundenlange Powerpoint-Präsentation sein, sondern nur eine kleine Einführung in den Workshop. Je spielerischer mit dem Prototyp umgegangen werden kann, desto besser. Es macht auch nichts, wenn das Pappmodell dabei vielleicht auseinanderfällt. Bei den ersten Tests geht es um die grundlegende Idee.

Deine Aufgabe und die des Teams ist beim Testen, genau zuzuhören und vor allem sich eine Menge Notizen zu machen. Gerade am Anfang wäre ein formaler Prozess mit Fragebögen der Sache eher hinderlich, deswegen ist es notwendig, Kommentare aufzuschreiben. Theoretisch kann der Workshop auch auf Video aufgezeichnet werden, aber manche Kunden stören sich an Kameras, und am Ende muss ohnehin jemand das Gesagte niederschreiben.

Die Notizen sollten zunächst den Kunden zugeordnet werden, dann aber in Themenbereiche verteilt werden. Jetzt geht es nicht mehr darum, neue Ideen zu finden, sondern zu prüfen, wie Du das Produkt oder den Prototyp verbessern kannst.

Achtung: Zum Testen gehört auch das Versagen. Nur so kannst Du den Prototyp besser machen. Es gibt aber Ausnahmen, bei denen der Prototyp in vollem Ausmaß versagt, so dass das ganze Projekt in Frage gestellt werden kann. Das kommt vor, doch der große Vorteil beim Design Thinking ist, dass Du es sehr früh feststellst und somit eine Menge Entwicklungskosten sparen kannst.

Mit dem Nutzer leben

Die Testphase ist eine weitere Empathiephase, weil Du hier erneut verstehen musst, wie der Nutzer oder Kunde sich fühlt, wie er denkt, und wie er das Produkt versteht und verwendet. Es geht auch beim Testen nicht darum, ob der Zielgruppe das Produkt gefällt oder nicht. Es geht darum zu wissen, warum es gefällt – oder warum nicht. Oder besser noch: Was ihnen gefällt und was nicht, und warum.

Dazu gehört auch, den Tester tatsächlich testen zu lassen. Wenn er oder sie Fragen hat, kannst Du sie gerne beantworten, aber ansonsten solltest Du schauen, wie damit umgegangen wird, und vor allem Fragen über Empfindungen und Befindlichkeiten stellen. Gerade bei Produkten, die man in die Hand nehmen kann, spielen solche emotionalen Herangehensweisen eine größere Rolle, als die eigentliche Funktionalität.

Was Du tunlichst vermeiden solltest, ist beim Testen etwas zu erklären. Wenn jemand die Klappe einer neuen Brotdose falsch herum öffnet, dann gibt es wohl einen Designfehler, sonst würde das nicht passieren. Lass es zumindest passieren, selbst wenn dann der

Deckel abgerissen wird – genau aus diesem Grund hast Du einen billigen Prototyp gebaut.

Sollten es die Zeit und die Teamstärke erlauben, dann kann man den Nutzern auch mehrere Prototypen geben, die das Problem lösen sollen, und sie dann vergleichen lassen. Das geht vor allem sehr gut bei den abstrakten Prototypen: Hierbei kann man sehr einfach die Farben oder die Anordnung auf einer Webseite verändern, oder eben drei, vier verschiedene Versionen zur Auswahl anbieten. Oftmals wird das auch bei einer neuen App angewandt, die dann Testnutzern geschickt wird. Hier werden die Testgruppen meist unterteilt, wobei Gruppe A die Betaversion 1 bekommt, und Testgruppe B die Betaversion 2 und so weiter.

Digitales Testen

Wenn das Produkt oder die Dienstleistung digitalisiert sind, dann kannst Du auch eine Menge nützlicher Daten erheben. Gerade wenn es um Funktionalitäten geht, kannst Du neue Prototypen recht schnell rausschicken, und erneut testen lassen. Du kannst aber auch anhand der Daten sehen, wie eine App benutzt wird, welche Seiten einer Webseite geöffnet werden, und wie und ob ein Testkauf durchgeführt wird. Du solltest bei digitalen Produkten aber einen genauen Testprozess festlegen. Dazu gehört auch, welche Daten aufgezeichnet und ausgewertet werden sollen. Solche Daten können sein:

- Verweildauer in der App

- Verweildauer pro Seite

- Wie viele Interaktionen wurden gemacht?

- Wie oft pro Tag/Woche wurde die App/Seite verwendet?

- Zu welchem Zeitpunkt wurde das Feedback geschickt (nach komplettem Test oder zwischendurch)?

- Welche Funktionen wurden ausprobiert, und welche nicht?

Trotz der vielen Daten, die Du erheben kannst, solltest Du aber auch bei digitalen Produkten versuchen, reale Gespräche zu führen. Es gibt bestimmt einige User in Deiner Umgebung, die Du einladen kannst (an dieser Stelle nochmal der Hinweis: Keine Freunde, keine Familie, keine Kollegen). Selbst eine einzige Stunde mit realen Menschen kann manchmal mehr bringen, als eine Woche digitales Testen.

Fehler finden und verstehen

Nach der ersten Testrunde wirst Du eine Menge Kommentare bekommen haben. Diese gilt es nun zu sortieren und zu verstehen. In den meisten Fällen wird es drei Hauptkategorien geben:

- Funktionale Fehler

- Fehler, die das Problem nur zum Teil lösen

- Fehler im Verständnis des Problems

Bei den funktionalen Fehlern kannst Du nochmals unterscheiden, zwischen solchen, die durch die eingeschränkten Funktionen eines Prototyps verursacht werden (die Du aber trotzdem beheben musst), und solchen, die funktional die Problemlösung behindern. Bei einer elektrischen Zahnbürste wäre das zum Beispiel ein An/Aus-Knopf an der falschen Stelle, der dann aus Versehen berührt wird.

Es kann auch sein, dass ein Problem nur zum Teil gelöst wird. Bei den Geldautomaten zum Beispiel hatte man die Winkel der Displays verbessert, so dass sie auch bei unterschiedlicher Sonneneinstrahlung gut zu lesen waren. Das aber führte dazu, dass Menschen ab einer bestimmten Größe wiederum Schwierigkeiten hatten, das Display zu lesen. In der Entwicklungsgruppe war niemand groß genug gewesen, und so kam das Problem erst beim Testen des Prototyps auf (man hatte ein iPad zur Demonstration verwendet).

Wenn es Fehler im Verständnis des Problems gibt, dann kommt das im Prototyp recht schnell zum Vorschein. Und so etwas passiert sehr häufig. Der Grund liegt meistens darin, dass man nicht genügend beobachtet und gelernt hat, und ein Problem angenommen hat, welches so vielleicht gar nicht existiert. Das passierte zum Beispiel bei CocaCola. 1985 kam man irgendwie auf die Idee, die Zusammensetzung ändern zu müssen, und die New CocaCola auf den Markt bringen zu müssen. Niemand hatte danach gefragt, und folglich wollte niemand dieses neue Produkt. Das Unternehmen ruderte zurück. Pepsi hatte mit der Crystal Pepsi übrigens ein ähnliches Desaster. Immer wieder haben große Firmen Produkte bis zum Ende entwickelt, nur um dann feststellen zu müssen, dass die Kunden sie schlichtweg nicht mögen. Apples Newton Tablet wurde nicht einmal von Steve Jobs gemocht (auch weil es einen Eingabestift hatte, den er hasste), und die Segway Fahrzeuge sind heute eigentlich nur noch bei Sicherheitsdiensten in Einkaufszentren und in Kurorten zu finden.

Sind die Fehler gefunden und kategorisiert, geht es darum, sie zu verbessern. Das können je nach Problemstellung funktionale oder konzeptionelle Verbesserungen sein. Es kann auch vorkommen, dass man mehr oder bessere Ideen braucht, weil keiner der Prototypen wirklich überzeugt hat. Genau darin liegt die Stärke des Design Thinking Prozesses. Er ist ein Kreislauf, der immer wieder an jeder Stelle neu begonnen werden kann.

Im zweiten Anlauf des Prototypen geht es also um zwei Fragen:

Wie können wir das Problem noch besser lösen?

Wie können wir die bekannten Fehler verbessern?

Es hat einen Sinn, dass die Frage nach dem Problem noch vor dem Fehler steht. Denn so wirst Du daran erinnert, dass es immer noch darum geht, das Problem zu lösen, und nicht nur darum, den Prototyp zu verbessern. Und manchmal kann es während des Fehlerverbesserungsprozesses zu Erleuchtungen kommen. In Asien hatten die Programmierer einer App, die ähnlich wie Uber Menschen mit Motor-Rikschas transportiert, nach Ideen gesucht, um die Erfahrung der Kunden zu verbessern. Man wollte sich mehr von der Konkurrenz abheben und programmierte Apps als Prototypen, mit denen man so ein Motorradtaxi bestellen konnte. Eine Idee war, dass man vorher den ungefähren Preis erfuhr, dass man ein Foto des Fahrers bekam und eine SMS, wenn das Taxi kurz vor dem Abholpunkt war. Man ließ die User testen, und sie waren im Wesentlichen begeistert. Eine Frau schrieb dann: "Der Fahrer war auch noch so nett und wartete, bis ich auch wirklich im Haus war." Das war nur ein Feedback, nicht einmal ein Fehler. Aber man erkannte sofort das Potenzial, und ab sofort wurden alle Fahrer darauf hingewiesen, dass sie nach 10 Uhr abends bei Kunden, die sie zu Hause absetzen, warten sollen, bis diese sicher das Haus betreten haben. Und natürlich wurde das auch als besonderer Service in der App kommuniziert.

Visualisieren mit Storyboards

Nachdem die ersten Tests beendet sind und Du die Prototypen entsprechend verändert hast, kann es hilfreich sein, in der nächsten Runde mit einem Storyboard zu arbeiten. Der Begriff kommt eigentlich aus dem Film, wo ein Drehbuch in verschiedene Geschichten heruntergebrochen wird. Diese werden dann wie in einem Comic-Buch aufgemalt. Eine derartige Visualisierung gibt zum einen dem Schauspieler und dem Kameramann oder -frau einen ersten Eindruck darüber, wie die Szene aussehen soll, ist aber auch hilfreich, um die Kontinuität zu überprüfen.

Storyboards beim Design Thinking sehen ähnlich aus, nur haben sie ein anderes Drehbuch. Die Person, die im Mittelpunkt steht, ist natürlich die Persona. Das Storyboard erzählt die Geschichte der Persona und wie Deine Idee ihr helfen wird. Wie jede Geschichte hat sie einen Anfang, einen Mittelteil und ein Ende.
Am Anfang steht Deine Persona, die mit ihren Bedürfnissen und Wünschen in die Geschichte eingeführt wird. Der Mittelteil beschreibt zunächst das Umfeld, in dem die Geschichte spielt, die tiefen Bedürfnisse der Persona, ihr Schmerz und Leid sowie die Kontaktpunk-

te. Dann werden die Lösungen eingeführt, und am Ende der Geschichte sind natürlich alle happy.

Ein **fiktives Beispiel** für so ein **Storyboard** könnte sein:

Einführung

Das ist Helga, 62 Jahre alt, Sachbearbeiterin bei der Gemeindeverwaltung, Mutter von 2 Kindern, verwitwet, Katzenhalterin, die am Wochenende im Chor der evangelischen Kirchengemeinde singt. Sie ist Bankkundin, aber sie traut sich nicht an die Geldautomaten, weil sie Angst hat. Um sich also Geld auszahlen zu lassen, muss sie jedes Mal zu einer Filiale ihrer Bank und warten, bis diese geöffnet hat.

Mittelteil

Helga steht an der Supermarktkasse und stellt fest, dass sie nicht genug Bargeld bei sich hat. Sie kam gestern zu spät zur Bank, und jetzt muss sie das Waschmittel wieder zurückstellen. Die Verkäuferin fragt sie, warum sie nicht mit der Karte bezahlen will. Sie sagt, dass sie sich die PIN-Nummer nicht merken kann, und man ihr gesagt hat, sie dürfte diese nicht aufschreiben.

Die Lösung

In den Design Thinking Workshops hatte man
zuvor das Problem erörtert und festgestellt, dass
das Vergessen der PIN immer noch ein großes
Problem für viele, insbesondere ältere Kunden, ist.
Es wurde ein System entwickelt, dass analog zu
dem von Zahlenmerken, die Zahlen in Bilder
umwandelte, also zum Beispiel die 2 in einen
Schwan und die 8 in eine Brezel, die 1 zu einem
Stock und die 0 zu einem Ei. Weil wir uns Bilder
besser merken können als Zahlen, wäre die PIN
2810 in diesem Fall ein Schwan, der eine Brezel
isst, am Stock geht und ein Ei legt. Solche Bilder
müssen keinen Sinn ergeben, lediglich die
Reihenfolge ist wichtig.

Der Kundin wurde diese Lösung offeriert, und sie
baute sich ihr eigenes Bild zusammen. Damit sie
das Bild nicht vergaß, malte sie es auf und steckte
es in ihre Geldbörse. Da nun nicht die PIN, sondern
nur ein – quasi verschlüsseltes Bild – auf dem Zettel
stand, hatte sie auch keine Angst mehr, dass
jemand Unbefugtes es verwenden könnte.

Die Auflösung

Mit dem kleinen Zettel war sie nun in der Lage, auch außerhalb der Banköffnungszeiten, die Geldautomaten zu benutzen, und das letzte Bild zeigt, wie sie im Supermarkt mit der Karte bezahlt.

Umsetzung

Nach mehreren Durchläufen von Tests und Anpassungen wird irgendwann der Punkt gekommen sein, an dem aus dem Prototyp oder dem Ideenkonzept etwas gemacht werden muss, dass auch wirklich umgesetzt werden kann. Gibt es mehrere Konzepte und Prototypen, ist nun die Zeit reif, um sich für einen oder zwei zu entscheiden.

Manche Design Thinking Nutzer sehen die Prozesse als beendet, wenn ein Prototyp oder Konzept entwickelt wurde, welches das Problem befriedigend löst. Der Grund liegt darin, dass man Design Thinking als Weg sieht, um Ideen zur Lösung eines Problems zu produzieren, und nicht um das Problem an sich zu lösen. Das ist auch richtig, die Idee steht im Vordergrund, aber man kann auch argumentieren, dass der kreative Prozess auch in der Umsetzung noch weiterläuft. Manche Probleme können nämlich auch erst in der Umsetzung auftauchen. Ein Beispiel ist die Firma Tesla. Gründer Elon Musk hat eine Menge getestet und geplant, war dann aber doch überrascht, dass es eben einen Unterschied macht, ob man 10 Autos bauen will, oder 10.000. Gerade die Skalierung einer Produktion verläuft eben nicht linear, sondern oftmals in sehr merkwürdigen Kurven. Im Prinzip ist die Umsetzungsphase eine weitere kleine Schleife im Design Thinking, die auf der gleichen Methodik beruht – nur dass in diesem Fall die Kunden die Stakeholder sind und man Ideen finden muss, um diese zu überzeugen.

Um eine neue Idee umsetzen zu können, solltest Du erst einmal überlegen, ob und wie sie in die bestehenden Strukturen passen kann. Ist die Kantine überhaupt in der Lage, neue gesunde Gerichte zu kochen? Können Geldautomaten einfach umgebaut werden? Was braucht es im Unternehmen oder der Organisation, damit die Idee umgesetzt werden kann?

Die beiden großen Fragen, die bei der Umsetzung beantwortet werden müssen, sind:

Wie kann ich die Idee in den laufenden Betrieb einbauen?

Welche Widerstände sind zu erwarten?

Da es in den meisten Prozessen darum geht, bestehende Prozesse zu verändern, kommt hier das Change Management ins Spiel. Bei diesem musst Du zuerst einmal verstehen, wie die derzeitigen Prozesse aussehen, dann einen Weg finden, die Idee zu implementieren, und anschließend testen, ob der neue oder veränderte Prozess funktioniert.

Ein Beispiel aus der Praxis: Die Österreichische Bundesbahn hat Design Thinking verwendet, um das Kundenerlebnis zu verbessern. In den Befragungen wurden immer wieder die Toiletten angesprochen. Diese sähen aus wie ein Bahnhofsklo, nüchtern, schmutzig und wenig einladend. Vor allem die Kombination aus Stahlklos und grauen Wänden machte aus der Toilette einen sehr trostlosen Ort. Die Idee, die aufkam: Fototapeten, die einen Wald zeigen, und Duftspray. Der Vorteil der Idee: Sie konnte schnell vom Prototypen hochskaliert werden. Man stattete erst eine Toilette damit aus und konnte dann nach und nach alle Züge umgestalten, ohne dass es zu großen Verzögerungen kam, denn die Fototapeten waren auf die standardisierten Toilettenwände zugeschnitten, und konnten daher in kurzer Zeit aufgeklebt werden.[12]

---

[12] VIENNA ONLINE (2014): Duftende WCs und Fototapeten in 250 ÖBB-Nahverkehrszügen. URL: http://www.vienna.at/ duftende-wcs-und-fototapeten-in-250-oebb-nahverkehrszuegen/4122563 [Stand: 28-04-2018]

Um eine Idee umsetzen zu können, musst Du zunächst eine Analyse der Stakeholder machen. Wer ist betroffen von der Umsetzung? Meistens sind das viel mehr Personen und Rollen, als Du zunächst denken magst. Hier eine Liste von typischen Stakeholdern:

- Abteilungsleiter
- Angehörige Kunden
- Behörden
- Buchhaltung
- Gesetzgeber
- Kollegen
- Kunden
- Marketing
- Mitbewerber
- Potenzielle Kunden
- Produktentwicklung
- Zulieferer

Das ist nur eine Auswahl, denn gerade in einem Unternehmen kann es immer auch bestimmte Mitarbeiter geben, die sich grundsätzlich gegen neue Ideen wehren. Wenn Du alle Stakeholder benannt hast, kannst Du eine **Force Field Analyse** starten und aufschreiben, wer von ihnen treibende Kräfte sind, und wer die eher behindernden Kräfte sind.

Im nächsten Schritt geht es darum, **Strategien** zu entwickeln, die treibenden Kräfte zu unterstützen und die behindernden Kräfte soweit es geht von der Idee zu überzeugen. Es macht wenig Sinn, für die Entwicklung von Ideen den Mitarbeitern Denkfreiheit zu geben, und sobald es an die Umsetzung geht, diese mit einem Befehl vom Chef zu implementieren. Je mehr Stakeholder an Bord sind, desto besser.

Eine Methode ist, das Vorher und Nachher aufzuzeigen. Hier können auch wieder die Prototypen ins Spiel kommen, soweit sie wirklich ein besseres Bild abgeben, als die Ist-Situation. Je bildlicher diese Vergleiche sind, umso überzeugender sind sie. Gerade innerhalb eines Unternehmens kannst Du auch Workshops machen, die sich mit der Umsetzung der Idee beschäftigen. Wenn es hilft, kannst Du auch hier nochmals Storyboards verwenden.

Achtung: Ein Workshop und die Ideenfindung können noch so positiv und kreativ gewesen sein, am Ende kann es immer jemanden geben, der beleidigt ist, dass die eigene Idee nicht umgesetzt wurde. Da helfen manchmal auch die besten Co-Creation-Versuche nichts. Solche Personen können dann bei der Ideenumsetzung zu großen Hindernissen werden. Versuche sie zu identifizieren und Strategien zu entwickeln, sie entweder wieder ins Team zu holen, oder ihren Einfluss so gering wie möglich zu halten.

Wenn Du weißt, wer die Stakeholder sind, welche Widerstände es geben kann und wie Du diese gegebenenfalls auflösen kannst, dann geht es an den großen Plan, nämlich die strategischen Ressourcen, die gebraucht werden. Am besten kann dabei eine Tabelle helfen:

	Idee 1	Idee 2
Beschreibung der Idee		
Was wird zur Umsetzung an Ressourcen und		

Fähigkeiten benötigt?		
Welche Ressourcen und Fähigkeiten existieren?		
Welche Lücken gibt es?		
Wie können die Lücken geschlossen werden?		

In den meisten Fällen besteht das Problem darin, die richtige Mischung aus Personal und technischen Ressourcen zu finden. Wenn es darum geht, die Mitarbeiter in der Kantine in asiatischer Kost weiterzubilden, dann muss trotzdem jemand das Mittagessen kochen. Bei der Bahn kann man nicht alle Toiletten gleichzeitig im laufenden Betrieb schließen, sondern muss einen Plan machen wie das zeitversetzt geschehen kann.

Je größer eine Idee ist, und je mehr technische Komponenten sie hat, umso schwieriger wird auch die Umsetzung werden. Das soll die Idee keineswegs obsolet machen, sondern nur zeigen, dass Du Dir eine Menge Gedanken machen musst, wenn Du zum Beispiel die Bildschirme aller Geldautomaten verändern willst.

Ein Beispiel wie man alles innerhalb kürzester Zeit machen kann, wenn es denn gut geplant ist, war übrigens die Umstellung auf den Euro. Hier musste die Idee einer neuen Währung innerhalb von wenigen Tagen, in manchen Fällen innerhalb einer Nacht, umgesetzt werden. Es ging darum, Geldautomaten umzustellen, aber auch alle anderen Arten von Automaten, die Geld verarbeiten, wie Zigarettenautomaten, Fahrscheinautomaten und auch Glücksspielautomaten. Dies nur als Hinweis, dass man sehr wohl auch gigantische Projekte erfolgreich umsetzen kann (zumindest was die technische Seite angeht).

Kosten

Ein Thema, das bei den Prototypen und im Design Thinking Prozess meist außen vor gelassen wird, sind die Kosten. Ein Grund dafür ist, dass Geld extrem kreativitätshemmend ist. Wenn Du Ideen schaffen sollst, aber jede zweite Idee als zu teuer abgetan wird, dann macht der Prozess wenig Spaß und wird kaum gute Ergebnisse bringen.

Beim Design Thinking geht es darum, mit geringen Mitteln die schnelle Lösung eines Problems zu bekommen. Es geht nicht so sehr darum, eine billige Lösung zu bekommen (es sei denn, das wird zu Beginn des Projekts als Parameter festgelegt, aber auch dann sollte es "möglichst günstig" heißen, und nicht etwa einen festen Betrag vorgeben).

In der Umsetzungsphase wird es dann aber doch um das Thema Geld gehen. Und deshalb sollte bereits in der Ideenbeschreibung eine Kostenanalyse eingefügt werden:

- Welche Produktkosten entstehen (neue Lebensmittel, neue Bildschirme, Fototapeten etc.)?

- Welche Personalkosten entstehen?

- Welche anderen Kosten entstehen?

- Welche Kosten entstehen durch Produktions-ausfall während der Umsetzung?

Das Ziel bei der Kostenanalyse ist es nicht, die Idee zu zerstören, sondern Wege (und Geldmittel) zu finden, diese auch umzusetzen. Auch hier kann übrigens Design Thinking eingesetzt werden, wenn das Budget partout nicht ausreichen will. Denn das ist ein Problem, und dafür muss eine Lösung gefunden werden.

Zusammenfassung

Zu oft werden neue Methoden nur verwendet, weil sie neu sind, und weil man denkt, ein Allheilmittel zu haben. Gerade jetzt, wo der Innovationsdruck für Unternehmen so hoch ist wie nie zuvor, wird auch von den Chefetagen und von Produktentwicklern alles willkommen geheißen, was irgendeine Heilung verspricht. Design Thinking ist aber kein Heilungsprozess. Es bietet keine Lösung an, sondern produziert Lösungsideen. Diese dann umzusetzen, braucht einen anderen Entscheidungsprozess, als bei der Findung von Ideen.

Einer der größten Fehler, die bei einem Design Thinking Prozess gemacht werden, ist die Entscheidung dorthin zu verlegen. Das ist aber von Grund auf falsch. Du hast im letzten Kapitel gesehen, dass es die Stakeholder sind, und auch sein müssen, die eine Entscheidung treffen. Das Design Thinking Team ist lediglich ein Helfer, der diese Entscheidung vorbereitet. Projektleiter, die keine Verantwortung übernehmen wollen (und Top-Manager, die selbst keine guten Ideen haben, und dann ein Ideen-Team einsetzen), wollen oft genug einen Schuldigen haben, falls etwas schiefgeht. Sie sind aber auch die ersten, die bei einem Erfolg darauf verweisen, dass es ihr Projekt war.

Wenn Du Design Thinking hingegen als einen Prozess verstehst, um Innovation schnell und günstig voranzutreiben, dann wirst Du damit eine Menge Spaß haben. Einer der Gründe, warum Teams so gerne Design Thinking machen, liegt darin, dass es so analog ist. Am besten funktionieren viele der Phasen mit gutem, altbewährtem Papier und Stiften. Es darf gebastelt werden. Und selbst bei Softwareprozessen werden die verschiedenen Seiten der Software zunächst auf Papier aufgemalt.

Du kannst mehr aus Dir selbst herausholen, wenn alle Sinne einbezogen werden. Dann kannst Du mehr Assoziationen bilden. Auch wenn Du rausgehst und die Umgebung sieht und fühlst und riechst, in der sich Deine Kunden befinden, wirst Du sie besser verstehen, als wenn Du das aufgrund der Daten Deines CRM Systems versuchst. Und dann wirst Du mit Deinem Team großartige Ideen produzieren!

Dein Kilian Langenfeld

Rechtliches und Impressum

Das Werk einschließlich aller Inhalte ist urheberrechtlich geschützt. Der Nachdruck oder Reproduktion, gesamt oder auszugsweise, sowie die Einspeicherung, Verarbeitung, Vervielfältigung und Verbreitung mit Hilfe elektronischer Systeme, gesamt oder auszugsweise, ist ohne schriftliche Genehmigung des Autors untersagt. Alle Übersetzungsrechte vorbehalten.

Die Inhalte dieses Buches wurden anhand von anerkannten Quellen recherchiert und mit hoher Sorgfalt geprüft. Der Autor übernimmt dennoch keinerlei Gewähr für die Aktualität, Richtigkeit und Vollständigkeit der bereitgestellten Informationen.

Haftungsansprüche gegen den Autor, welche sich auf Schäden gesundheitlicher, materieller oder ideeler Art beziehen, die durch Nutzung oder Nichtnutzung der dargebotenen Informationen bzw. durch die Nutzung fehlerhafter und unvollständiger Informationen verursacht wurden, sind grundsätzlich ausgeschlossen, sofern seitens des Autors kein nachweislich vorsätzliches oder grob fahrlässiges Verschulden vorliegt. Dieses Buch ist kein Ersatz für medizinische oder professionelle Beratung und Betreuung.

Dieses Buch verweist auf Inhalte Dritter. Der Autor erklärt hiermit ausdrücklich, dass zum Zeitpunkt der Linksetzung keine illegalen Inhalte auf den zu verlinkenden Seiten erkennbar waren. Auf die verlinkten Inhalte hat der Autor keinen Einfluss. Deshalb distanziert der Autor sich hiermit ausdrücklich von allen Inhalten aller verlinkten Seiten, die nach der Linksetzung verändert wurden. Für illegale, fehlerhafte oder unvollständige Inhalte und insbesondere für Schäden, die aus der Nutzung oder Nichtnutzung solcherart dargebotener Informationen entstehen, haftet allein der Anbieter der Seite, auf welche verwiesen wurde, nicht aber der Autor dieses Buches.

1. Auflage

Copyright 2024 – Kilian Langenfeld

Alle Rechte vorbehalten.

Das Werk darf - auch teilweise - nur mit Genehmigung des Verlags vervielfältigt werden.

ISBN: 978-3-98935-502-6

Lucid Page Media (ein Imprint der Orbita Media GmbH)

Ericusspitze 4

20457 Hamburg

Deutschland

kontakt@lucidpagemedia.de

Coverfoto: docstockmedia/shutterstock.com

Formatierung: Kilian Langenfeld

Quellenverzeichnis

Boag, P. (2018): What Is Customer Journey Mapping and How to Start? URL: https://boagworld.com/usability/customer-journey-mapping/ [Stand: 04-04-2018]

Design Thinking: The Guidebook for Public Sector innovation in Bhutan. URL: http://www.rcsc.gov.bt/wp-content/ uploads/2017/07/dt-guide-book-master-copy.pdf [Stand: 20-06-2018], S. 28

Design for Founders: 10 Powerful Case Studies of Remarkable Business Growth With Design You Need to See. URL: https://www.designforfounders.com/business-growth-with-design/ [Stand: 29-05-2018]

Design Kit: Methods. URL: http://www.designkit.org/methods [Stand: 01-06-2018]

Eshaghmohammadi, F. (2016): Become the patient – Design Thinking Grundlagen. URL: http://www.ppcdetective.de/ blog/design-thinking-blog/become-the-patient-design-thinking-grundlagen/ [Stand: 15-05-2018]

Gullberg, G.; Widmark E.; Nyström, M.; Landström, A. (2006): DESIGN THINKING in BUSINESS INNOVATION

International Organization for Standardization (2010): Ergonomics of human-system interaction -- Part 210: Human-centred design for interactive systems

Kramer, A. (2016): Design Thinking in der Praxis:
Casinos, MAM, Erste Bank, ÖBB. URL:
https://www.trend.at/ branchen/karrieren/design-
thinking-praxis-7624507 [Stand: 05-04-2018]

Lanoue, S. (2015): IDEO's 6 Step Human-Centered
Design Process: How to Make Things People Want.
URL:
https://www.usertesting.com/blog/2015/07/09/how-
ideo-uses-customer-insights-to-design-innovative-
products-users-love/ [Stand: 10-05-2018]

Roland Berger: Design Thinking: Von einer
Produktentwicklungsmethode zu einem Ansatz für
strategische Entscheidungsprozesse. URL:
https://www.rolandberger.com/de/press/Design-
Thinking-Von-einer-Produktentwicklungsmethode-zu-
einem-Ansatz-f%C3%BCr-strate-2.html [Stand: 20-04-
2018]

Russo, B. et al. (2012): Design Thinking Business
Innovation, MJV Press, Rio de Janeiro

VIENNA ONLINE (2014): Duftende WCs und
Fototapeten in 250 ÖBB-Nahverkehrszügen. URL:
http://www.vienna.at/duftende-wcs-und-fototapeten-
in-250-oebb-nahverkehrszuegen/4122563 [Stand: 28-
04-2018]